安徽财经大学服务安徽经济社会发展系列研究报告 2019

安徽县域经济竞争力报告 2019

周加来　黄敦平　钱　力　著

合肥工業大學出版社

图书在版编目(CIP)数据

安徽县域经济竞争力报告2019/周加来,黄敦平,钱力著.—合肥:合肥工业大学出版社,2019.7

(安徽财经大学服务安徽经济社会发展系列研究报告2019)

ISBN 978-7-5650-4554-7

Ⅰ.①助… Ⅱ.①周…②黄…③钱… Ⅲ.①县级经济—区域经济发展—竞争力—研究报告—安徽—2019 Ⅳ.①F127.54

中国版本图书馆CIP数据核字(2019)第140912号

安徽县域经济竞争力报告2019

周加来 黄敦平 钱 力 著 责任编辑 何恩情

出 版	合肥工业大学出版社	版 次	2019年7月第1版
地 址	合肥市屯溪路193号	印 次	2019年7月第1次印刷
邮 编	230009	开 本	710毫米×1010毫米 1/16
电 话	综合编辑部:0551-62903028	印 张	10
	市场营销部:0551-62903198	字 数	142千字
网 址	www.hfutpress.com.cn	印 刷	合肥现代印务有限公司
E-mail	hfutpress@163.com	发 行	全国新华书店

ISBN 978-7-5650-4554-7 总定价: 330.00元

编 委 会

安徽财经大学科研工作始终坚持立足安徽做学问、服务安徽出成果，特别重视立足地方和行业需求构建多层次智库平台。安徽经济社会发展研究院是安徽财经大学设立的研究安徽经济社会发展的专门研究机构，拥有安徽省人文社科重点研究基地、省级协同创新中心、省教育厅智库和安徽省重点智库四个省级科研平台。这些平台优化资源配置、聚合科研力量，鼓励和引导教师围绕安徽省委省政府的重大发展战略选题，深入研究安徽经济社会发展中的重点、热点和难点问题，着力破解制约安徽地方经济社会发展的重大理论和现实问题，为建设特色鲜明的地方高水平财经大学提供了有益的智力支持，取得了较为丰硕的成果并积累了丰富的经验。安徽经济社会发展研究院努力实现在安徽经济发展方面的理论基础、政策研究与实践应用的紧密结合，打造成为立足安徽、面向全国的财经智库。

安徽财经大学每年出版的服务安徽经济社会发展系列研究报告是由安徽经济社会发展研究院组织相关学院的专、兼职研究人员编写出版。我校 2006 年公开出版服务安徽经济社会发展的首部研究报告——《安徽经济发展报告》，2007 年《安徽省县域经济竞争力报告》发布，2010 年《安徽省贸易发展研究报告》出版发布，形成我校服务安徽经济社会发展的三大品牌报告。至 2019 年，年度研究报告增至十部，主要包括：《安徽生态文明建设发展报告 2019——新安江生态补偿机制专题报告》《安徽投资发展研究报告 2019》《安徽贸易发展研究报告

2019》《安徽劳动就业与社会保障发展报告2019》《安徽城市发展研究报告2019》《助力乡村振兴——安徽农产品加工业发展研究报告2019》《安徽财政发展研究报告2019》《安徽县域经济竞争力报告2019》《安徽养老服务业发展报告2019》《安徽经济发展研究报告2019》等。

安徽财经大学服务安徽经济社会发展系列研究报告坚持稳定、控制数量、不断提升质量的指导思想，通过进入退出机制、激励机制、分级分类机制、合作机制、运行机制、评价机制和发布机制的改革，政策影响力和媒体影响力日益扩大。2016年，安徽经济社会发展研究院成功入围中国智库索引首批来源智库，并获大学智库指数排名中的普通高校第一名。根据《中国智库索引（CTTI）2018年发展报告》，2018年安徽经济社会发展研究院入选CTTI高校智库百强榜。

纵观这十部研究报告可以看出，报告的组织者与撰写者都付出了辛勤的劳动和不懈的努力。当然，我们也清醒地认识到，报告还存在这样或那样的缺点，与政府部门领导和社会各界对我们的期望还有相当大的差距，学校应当在智库建设方面做得更多、更好。我们坚信，只要坚持走下去，只要继续得到社会各界的关心和帮助，系列研究报告一定会越做越好！学校的智库建设也将结出更多的硕果！

安徽财经大学党委书记、校长　丁忠明

2019年4月20日

“县积而郡，郡积而天下。郡县治，天下无不治。”从古至今，县域始终是我国政治经济体系和社会系统中最基础的层次和最基本的单元。同时，县域也是全面建成小康社会的基本载体。县域经济不仅是国民经济的重要构成部分，也是国民经济最基本的运行单元。振兴县域经济也是十九大报告中提出的“着力解决好发展不平衡不充分问题，大力提升发展质量和效益”的需要。县域经济竞争力是判断县域经济发展状况的重要指标，也是县域经济综合实力的重要表现。鉴于此，本报告从县域经济竞争力的角度对安徽省县域经济社会发展做出评价，对于安徽省振兴县域经济具有一定的借鉴意义。安徽财经大学县域经济研究所一直致力于安徽省县域经济发展问题的研究，已连续十五年发布了《安徽县域经济竞争力报告》。

《安徽县域经济竞争力报告 2019》借鉴历届安徽县域经济竞争力评价指标体系，采用既包含经济指标，也包含社会指标、环境指标等，涵盖了影响县域经济发展的基本因素，更加注重经济、社会与环境协调发展，符合振兴县域经济的内在要求。此外，在评价方法上，采用层次分析和主成分分析组合评价县域经济的竞争力，进一步提高评价的科学性与可信性。本报告首先综合评价安徽县域经济综合竞争力、基本竞争力、发展速度竞争力等 14 个竞争力评价排名，将安徽县域按照竞争力排名划分为上游区域（1～10 名）、中上游区域（11～30 名）、中下游区域（31～51名）、下游区域（52～61名）四个类别。其次，总结了安徽省怀远县、砀山县、含山县的乡村振兴经验做法和启示，为安徽县域扎实推进国家乡村振兴战略提供经验参考。最后，报告提出了进一步提升安徽省县域经济竞争力的对策建议。

本报告得到了安徽省委宣传部、安徽省发展和改革委员会、安徽省经济和信息化委员会、安徽省教育厅、安徽财经大学各级领导的大力支持，在此表示感谢。同时限于研究水平，书中难免存在错误和不足，敬请各位专家学者、县（市）领导不吝指正，以便更加完善。

周加来

2019年4月

MU LU

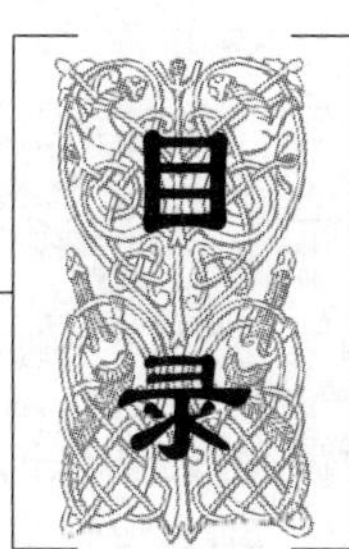

第一章　安徽省县域经济发展现状

第一节　安徽省经济发展总体概况

一、安徽省经济发展的总体分析

（一）综合实力显著提高

2017 年，安徽省地区生产总值达到 27018.00 亿元，按可比价格计算，较上年增长 8.46%。其中，第一产业增加值为 2582.27 亿元，同比增长 4.05%；第二产业增加值为 12838.28 亿元，同比增长 8.22%，其中工业增加值达到 10916.31 亿元，同比增长 8.46%；第三产业增加值为 11597.45 亿元，同比增长 9.88%（图 1－1）。

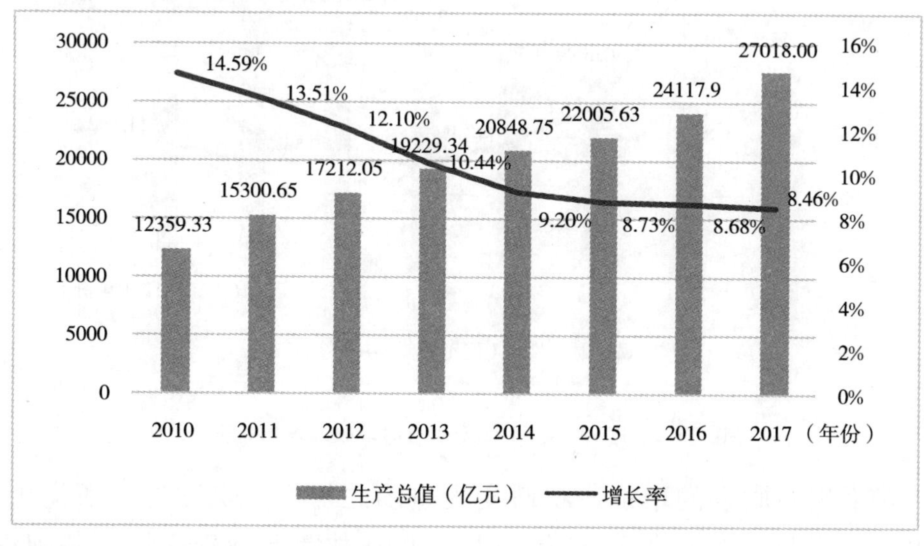

图 1－1　2010—2017 年安徽省地区生产总值及增长率

可以看出，全省的综合实力显著增强，经济保持平稳较快的发展态势，充分显示出经济发展的稳定性和可持续性。全省生产总值由2010年的12359.33亿元增加至2017年的27018.00亿元，年平均增长率为11.82%，高于全国同期生产总值的平均增速（10.75%）；全省人均生产总值由2010年的20887.8元增至2017年的43401.36元。

（二）地方财政实力稳步增强

2017年，安徽省财政运行总体平稳。全年财政收入达到4857.55亿元，增长11.1%，较上年9%的增幅提高了2.1个百分点（图1-2）。其中，地方财政收入为2812.45亿元，增长7.9%，较上年8.9%的增幅降低了1个百分点。在全部财政收入中，增值税收入为803.36亿元，契税收入为244.30亿元，企业所得税和个人所得税收入分别为274.73亿元和79.41亿元。自2010年以来，全省财政收入持续快速增长，7年间翻了2.35倍，直接反映了安徽省财政实力不断增强，为保障和改善民生提供了强有力的支撑。

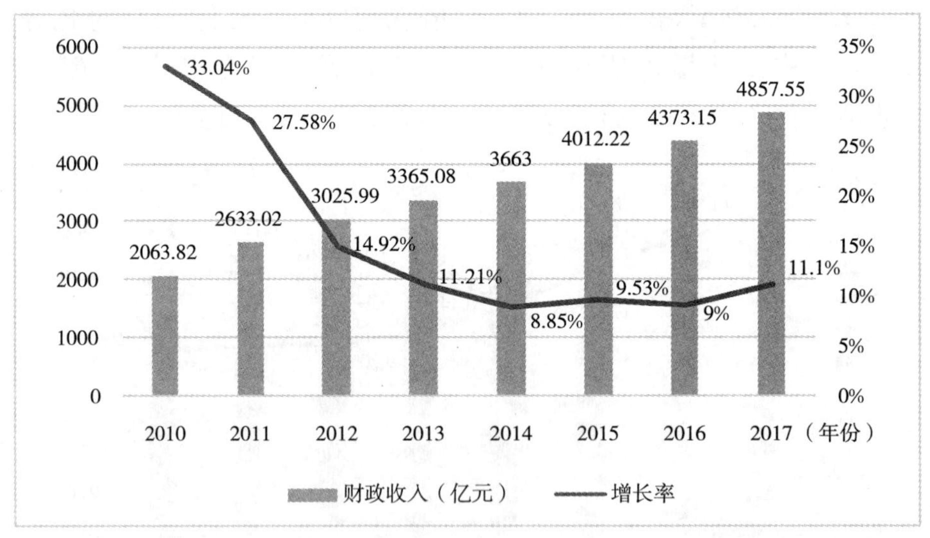

图1-2 2010—2017年安徽省财政收入及增长率

随着财政收入的增加，财政支出也随之加大。安徽省不断优化支出结构，保障基本民生和重点支出，集中力量支持普惠性、基础性、兜底性民生建设，组织托底民生保障网。2017年，全省财政支出达到

6203.81 亿元，增长 12.3%，较上年 5.42%的增幅提高了 6.88 个百分点。其中，医疗卫生与计划生育支出为 597.74 亿元，增长 24.50%；节能环保支出为 198.64 亿元，增长 48.64%；城乡社区事务支出为 1013.80 亿元，增长 51.53%。以上三项支出增幅均在 20%以上，增长幅度较大，城乡社区事务支出的增幅最大。一般公共事务服务支出为 453.28 亿元，增长 12.17%；公共安全支出为 258.39 亿元，增长 16.83%；教育支出为 1014.91 亿元，增长 11.42%；社会保障和就业支出为 862.53 亿元，增长 13.25%。以上四项支出的增幅均在 10%以上，保持平稳较快的增长。但国防、文化体育与传媒、交通运输等支出有所下降，分别下降 8.86%、3.91%、32.52%。

（三）固定资产投资规模持续扩大

2017 年，安徽省固定资产投资达到 29185.96 亿元，增长 11.0%（图 1－3）。按三次产业划分，第一产业投资 775.79 亿元，降低 4.6%；第二产业投资 13016.38 亿元，增长 12.0%；第三产业投资 15393.79 亿元，增长 11.0%。从区域方面来看，2017 年皖江示范区固定资产投资总额为 19689.4 亿元，增长 9.5%，皖北六市（淮北、亳州、宿州、蚌埠、阜阳、淮南）的投资总额为 8092.9 亿元，增长

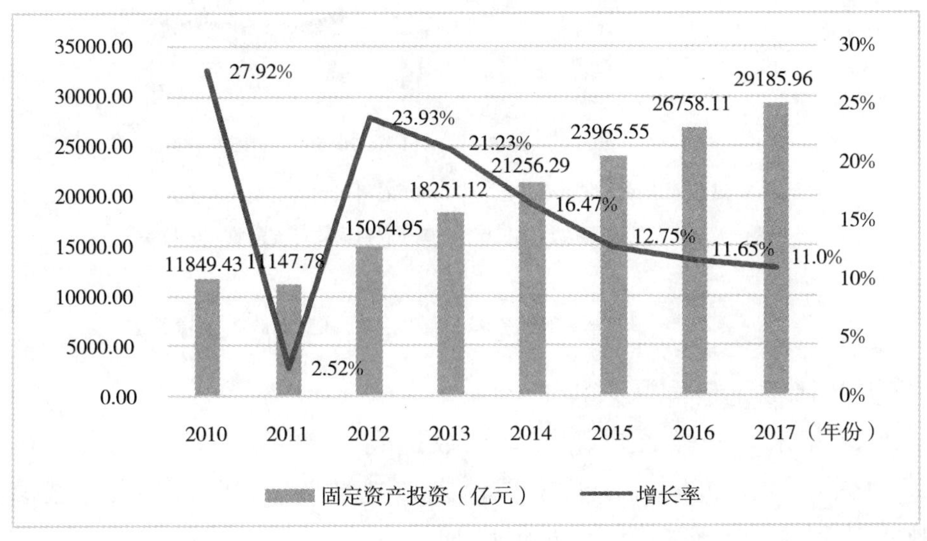

图 1－3　2010—2017 年安徽省固定资产投资及增长率

15.45%；从行业来看，其中制造业投资 11434.28 亿元，增长 10.35%；房地产业投资 6551.63 亿元，增长 13.67%；文化、体育和娱乐业投资 254.29 亿元，增长 5.34%；交通运输、仓储和邮政业投资 2036.46 亿元，增长 10.59%；水利、环境和公共设施管理业投资 3297.60 亿元，增长 27.36%。

（四）城乡居民生活水平显著提高

2017 年，安徽省城镇居民人均可支配收入为 31640.32 元，增长 8.52%；人均消费性支出为 20740.24 元，增长 5.78%。其中，食品支出为 6665.32 元。城镇居民恩格尔系数为 32.14%，较上年下降了 0.41 个百分点。农村居民人均可支配收入为 12758.22 元，较上年增长 8.90%，人均消费支出为 11106.08 元，较上年增长 7.96%，其中食品支出为 3276.01 元。农村居民恩格尔系数为 33.55%，较上年下降了 1.3 个百分点。城乡居民生活水平显著提高（图 1－4）。

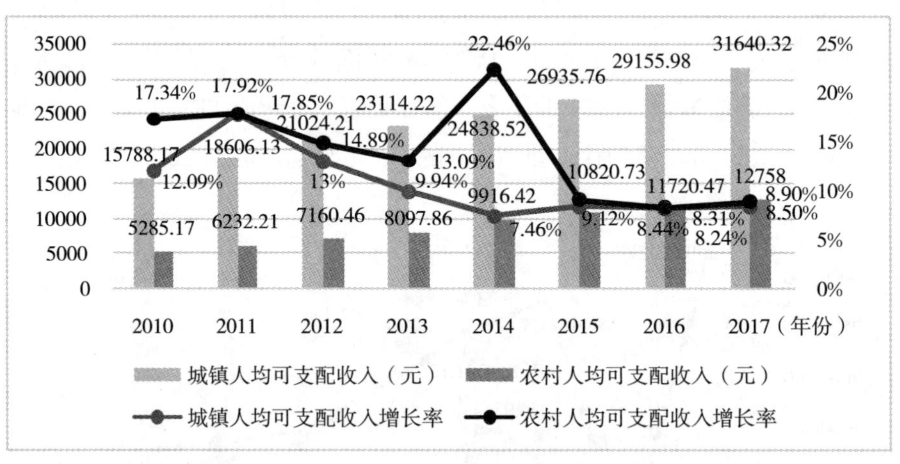

图 1－4　2010—2017 年安徽省城乡居民人均可支配收入及增长率

（五）城镇化进程深入推进

2017 年末，安徽省户籍人口总数达到 7059 万人，常住人口达到 6255 万人，增长 0.95%，其中城镇人口总数为 3345.7 万人，城镇人口比重达到 53.49%，较 2016 年增加 1.5 个百分点（图 1－5）。从各市人口城镇化率的情况来看，合肥市、马鞍山市、芜湖市、淮北市、淮南市的人口城镇化率均超过 60%，其中合肥市的城镇化率最高(73.75%)；铜陵市、蚌埠市、宣城市、池州市、滁州市、黄山市的城镇化率也都达到 50%以上；其余城市的城镇化率不足 50%，但各市城镇化率相比 2016 年均明显提升。从区域分布来看，合肥作为省会城市，具有明显的城镇化发展优势，核心带动作用日益突出；皖江示范区城镇化进程更加明显，成为全省城镇化重点地区；皖北地区城镇经济实力亦不断提升。但安徽省城镇化发展质量不高，2017 年，安徽省户籍人口城镇化率仅达到 31.07%，远低于常住人口城镇化率。这说明有一定比例的人群虽然住在城镇，但是并没有真正落户城镇，更没有享受到城镇的医疗、教育、就业、住房等待遇，应当进一步放宽落户条件，加快推动农业转移人口市民化。

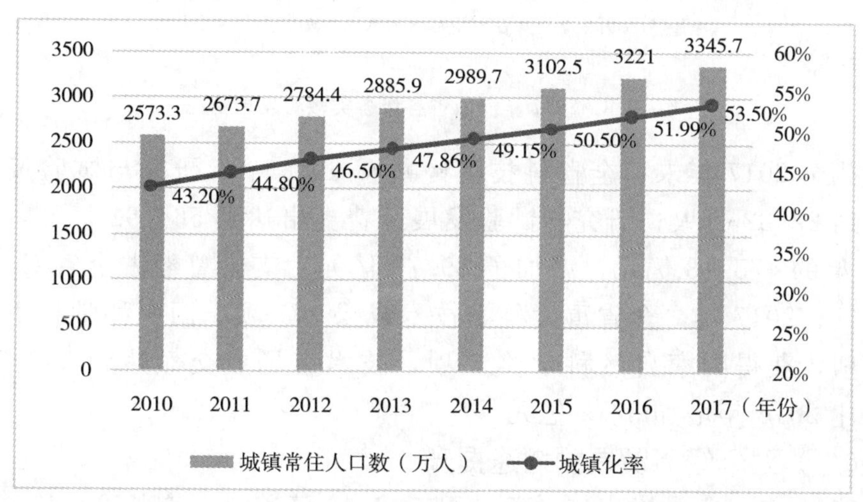

图 1-5　2010—2017 年安徽省城镇常住人口数及城镇化率

（六）教育和科技实力进步明显

截至 2017 年末，安徽省有研究生培养单位 21 个，在校研究生总数达到 57761 人，普通高校 109 所，普通本专科在校生 114.74 万人，高等教育毛入学率为 47.7%。各类中等职业教育学校（不含技工学校）有 359 所，在校生 76.10 万人。普通高中 662 所，在校生 108.50 万人（图 1-6）。高中阶段毛入学率为 90.5%。初中共有 2810 所，在校生202.16万人，初中阶段适龄人口入学率为99.96%。小学共有8108所，在校生440.52万人，小学学龄儿童入学率为99.99%。各级各类成人学校毕业生约40万人。

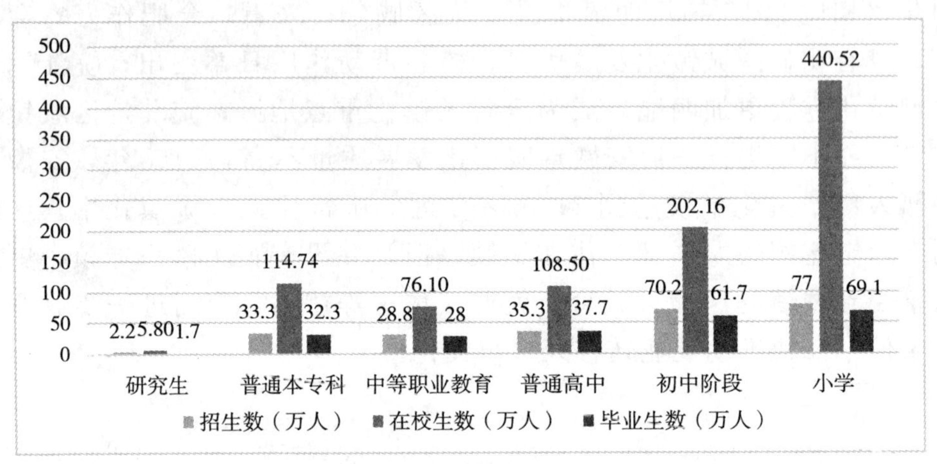

图1-6 2017年安徽省各级各类教育发展情况

截至2017年末，全省科技机构共有6018个；研究与试验发展人员达到22.82万人；研究与试验发展经费支出达到564.92亿元，相比2016年的475.13亿元，增加了89.79亿元，支出总额占全省GDP的2.09%；2017年，全省重大科学技术成果377项、国家科学技术进步奖4项，获得国家自然科学奖2项，技术市场成交额达到249.57亿元，比2016年增加32.2亿元。

（七）对外经济贸易额增速提升

2017年，安徽进出口总额达到536.36亿美元，增长20.86%，在连续多年的增速下滑后，开始大幅提升（图1-7）。其中出口总额达到304.82亿美元，增长7.2%；进口总额达到231.54亿美元，增长45%；进出口差额达到73.28亿美元。从出口地区的分布来看，对亚洲出口额达到132.63亿美元，增长8.4%；对欧洲出口额达到59.70亿美元，增长3.4%；对北美洲出口额达到61.78亿美元，增长5.9%；对非洲、拉丁美洲、大洋洲的出口额所占比重相对较小，分别为17.56亿美元、26.40亿美元、6.73亿美元。

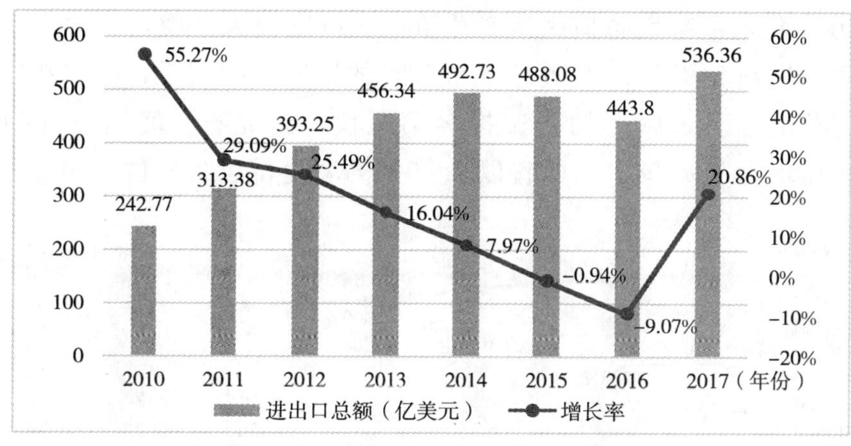

图 1-7　2010—2017 安徽省进出口总额及增长率

二、安徽与中部地区以及全国比较分析

（一）安徽省主要经济指标与中部地区对比

2017 年，中部六省（山西省、安徽省、江西省、河南省、湖北省、湖南省）地区生产总值合计 179412.4 亿元，占全国比重为 21.7%。其中，安徽省地区生产总值为 27018.0 亿元，在中部六省中排名第四，河南省、湖北省、湖南省位列前三位，地区生产总值分别为 44988.2 亿元、36523.0 亿元、34590.6 亿元，江西省和山西省位列第五、第六位，地区生产总值分别为 20818.5 亿元、14973.5 亿元。安徽省地区生产总值与位列第一位的河南省仍然具有较大差距，与湖北省、湖南省的差距较小（表 1-1）。

表 1-1　2017 年中部六省生产总值及增速比较

省份	GDP（亿元）	增长率（%）	一产（亿元）	增长率（%）	二产（亿元）	增长率（%）	三产（亿元）	增长率（%）
山西	14973.5	7.00	777.9	3.00	6181.8	6.50	8013.8	7.80
江西	20818.5	8.90	1953.9	4.40	9972.1	8.30	8892.5	10.70
安徽	27018.0	8.50	2582.27	4.00	12838.28	8.60	11597.45	9.70
湖南	34590.6	8.00	3690.0	3.60	14145.5	6.70	16755.1	10.30
湖北	36523.0	7.80	3759.7	3.60	16259.9	7.10	16503.4	9.50
河南	44988.2	7.80	4339.5	4.30	21450.0	6.40	19198.7	9.20

2017 年，中部六省地区生产总值增长速度较为平稳，其中江西省增速最高，达到 8.90%；安徽省以 8.50%的增速紧跟其后，排名在中部第二位；湖南省以 8.00%的增速排名第三位；湖北省、河南省并列第四位，增速均为 7.80%；山西省以 7.00%的增速排名第六位（图 1-8）。

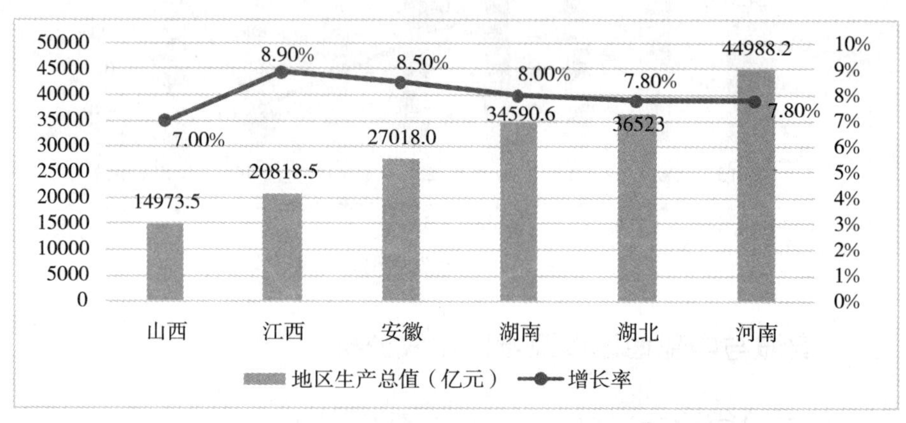

图 1-8　2017 年中部六省地区生产总值及增长率

2017 年，中部六省三次产业结构比值由 2016 年的 10.45：45.35：44.20 变为 2017 年的 9.55：45.42：45.03，相比较于上年，第一产业比重比上年降低了 0.9 个百分点，第二产业比重比上年提高了 0.07 个百分点，第三产业比重比上年提高了 0.83 个百分点。其中，安徽省三次产业结构比例为 9.56：47.52：42.92，与中部六省产业结构比例相比来看，安徽省第二产业结构比重较高，第三产业比重较低。

2017 年，中部六省地方财政收入增速差距较大，其中山西省地方财政收入增速最快，相比上年-5.2%的增速，2017 年以 22.80%的增速排名中部六省第一位，河南省地方财政收入以 10.40%的增速排名第二位，其余四省的增速较上年差别不大。安徽省实现地方财政收入 2812 亿元，增长 7.90%，总量位居中部六省第三位，增速位居中部六省第四位（图 1-9）。

2017 年，中部六省共完成固定资产投资 163400.1 亿元，增长 10.68%，大幅度高于全国平均水平。安徽省完成固定资产投资 29185.96 亿元，投资额位居中部六省第四位，增长 11.00%，增速与

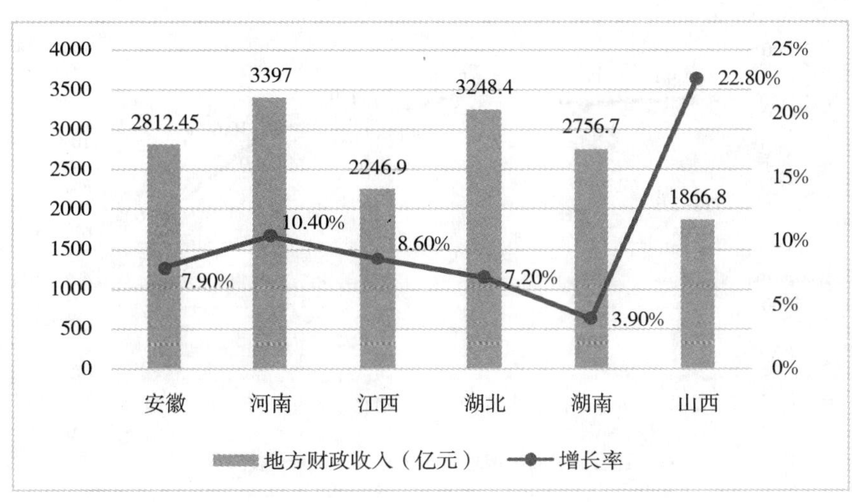

图 1-9　2017 年中部六省地方财政收入及增长率

湖北省并列中部六省第三位（图 1-10）。

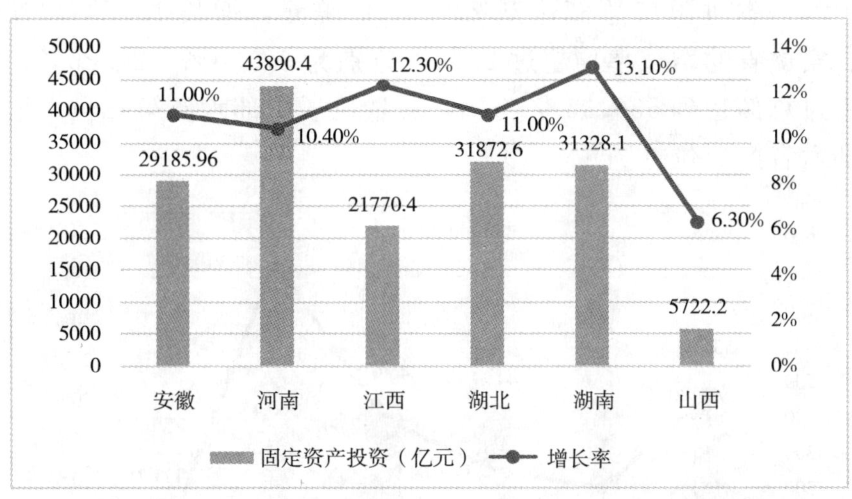

图 1-10　2017 年中部六省固定资产投资额及增长率

2017 年，中部六省实现社会消费品零售总额达到 77474.6 亿元，增长 10.72%。其中，安徽省社会消费品零售总额达到 11192.6 亿元，位居中部六省第四位，增长 11.90%，增速位居中部六省第二位（图 1-11）。

2017 年，全球贸易逐渐回暖。相比 2016 年中部六省进出口总额

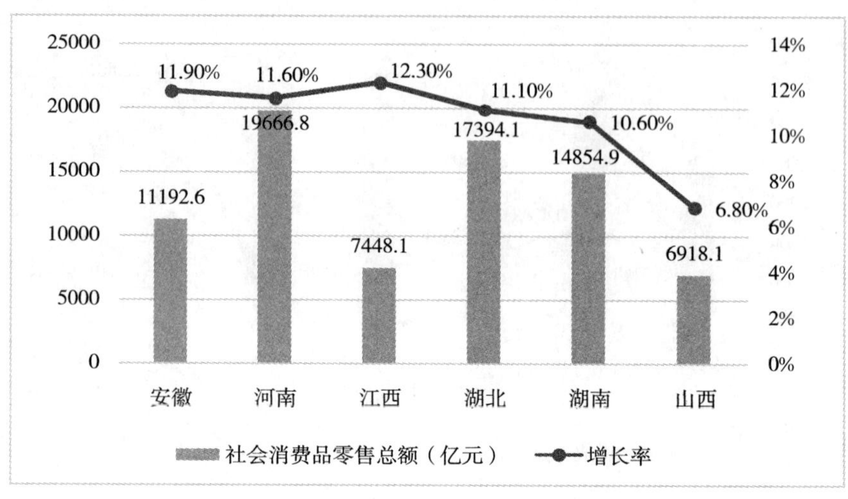

图 1-11 2017 年中部六省社会消费品零售总额及增长率

大多出现负增长的状况，2017 年的进出口总额实现了较大幅度的增长，中部六省进出口总额达到 2752.4 亿美元，增长 15.7%，其中湖南省、安徽省的增长率均超过 20%，分别为 37.30%、20.80%。安徽省进出口总额达到 536.36 亿美元，总量位居中部六省第二位，增速位居中部六省第二位（图 1-12）。

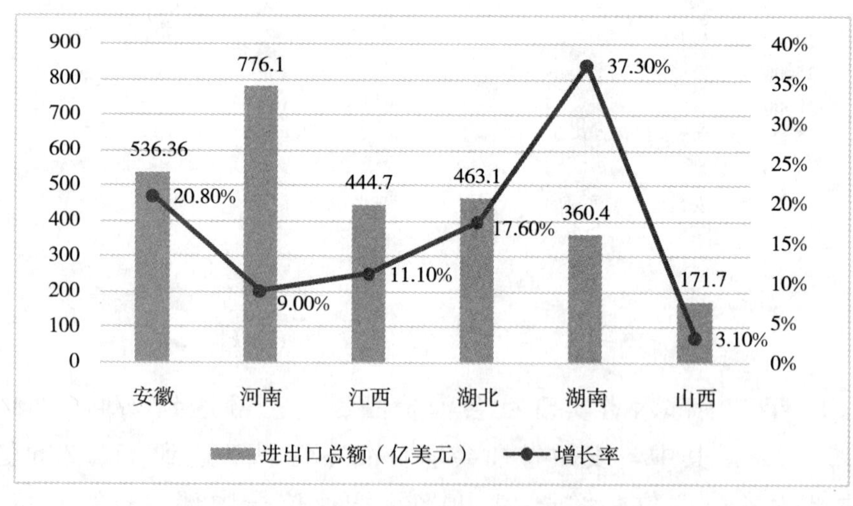

图 1-12 2017 年中部六省进出口总额及增长率

综上所述，面对复杂多变的国内外经济形势和全省经济下行压力加大的严峻挑战，安徽省多数主要经济指标增速仍好于预期，在中部地区属于相对靠前的位置，结构调整步伐加快，质量效益逐步提升，发展活力显著增强，人民生活持续改善，所取得的成就来之不易。

（二）安徽省主要经济指标与全国比较

1. 主要经济指标的增速比较

2017 年，安徽省经济运行呈现总体平稳、稳中加快的良好态势，多数主要指标的增长速度均超过全国平均水平（图 1－13）。其中，地区生产总值增速高于全国平均水平 1.6 个百分点；工业增加值增速高于全国平均水平 2.5 个百分点；财政收入增速高于全国平均水平 3.7 个百分点；固定资产投资额增速高于全国平均水平 3.8 个百分点；进出口总额增速高于全国平均水平 9.4 个百分点；城镇居民人均可支配收入增速和农村居民人均可支配收入增速分别高于全国平均水平 0.2 个百分点和 0.3 个百分点。

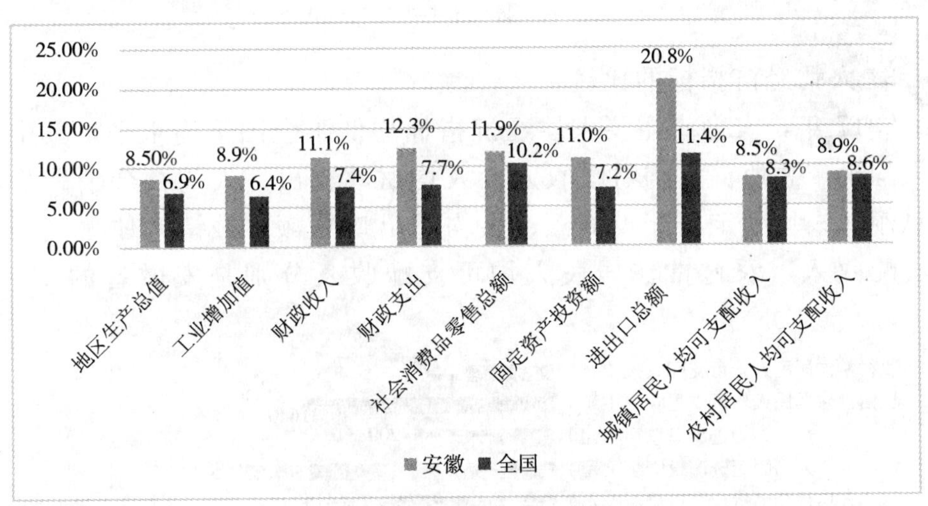

图 1－13　2017 年安徽省主要经济指标增速与全国平均水平比较

2. 主要指标占全国比重

2017 年，安徽省主要指标占全国比重相对于 2016 年没有明显的变化，其中年末户籍人口占全国比重稳定在 5.1％；地区生产总值所占比重和 2016 年一样，均是 3.3％；工业增加值占全国比重为 4.1％；财政收入、社会消费品零售总额、固定资产投资额、进出口总额所占比重分别是 2.8%、3.1%、4.6%、1.3%；住户存款余额占全国比重为 3.2%（图 1-14）。

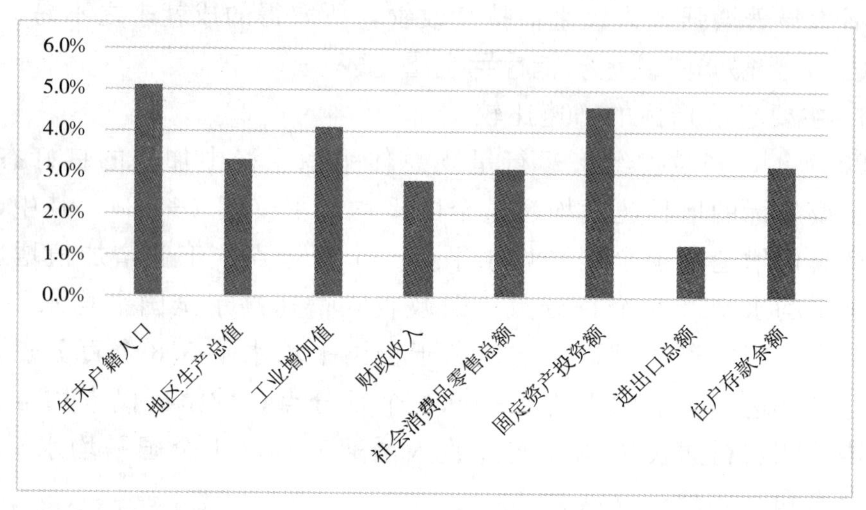

图 1-14 2017 年安徽省主要经济指标占全国比重

3. 人均经济指标的比较

2017 年，安徽省主要人均经济指标均低于全国平均水平，其中全国人均生产总值、人均财政收入、人均财政支出、人均社会消费品零售总额、人均固定资产投资额、人均进出口总额、城镇常住居民人均可支配收入、农村常住居民人均可支配收入分别是安徽省的 1.35、

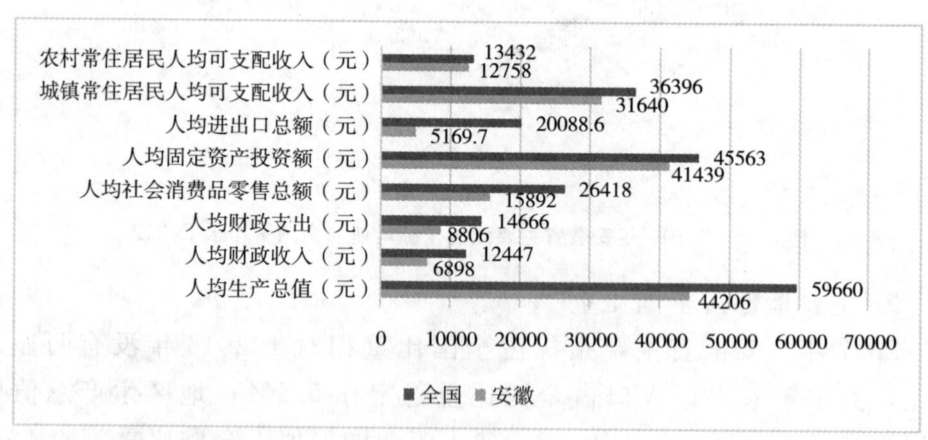

图 1-15 2017 年安徽省主要人均指标与全国均值比较

1.80、1.67、1.66、1.10、3.89、1.15、1.05 倍。这说明在人均经济指标水平上，安徽省和全国平均水平仍存在一定的差距。

4. 产业结构指标

2017 年，安徽省三次产业结构比为 9.56∶47.52∶42.92，全国的三次产业结构比为 7.90∶40.50∶51.60。安徽省的第一产业比重高于全国平均水平，第二产业比重与全国相比高了 7.02 个百分点，第三产业比重则比全国低了 8.68 个百分点（图 1－16）。从经济发展规律来看，安徽省存在产业层次偏低、结构不优等问题，第三产业比重偏低。

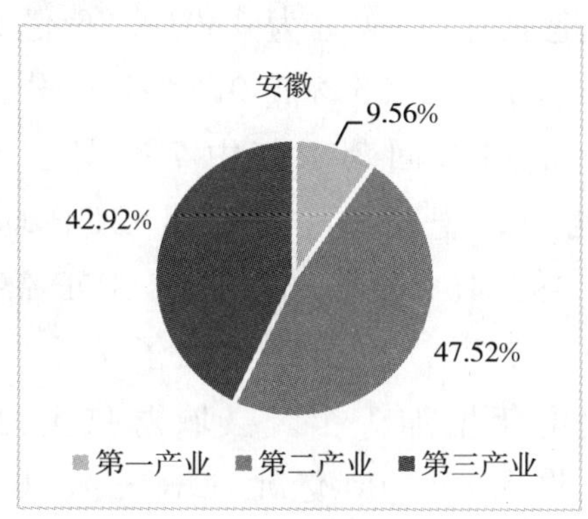

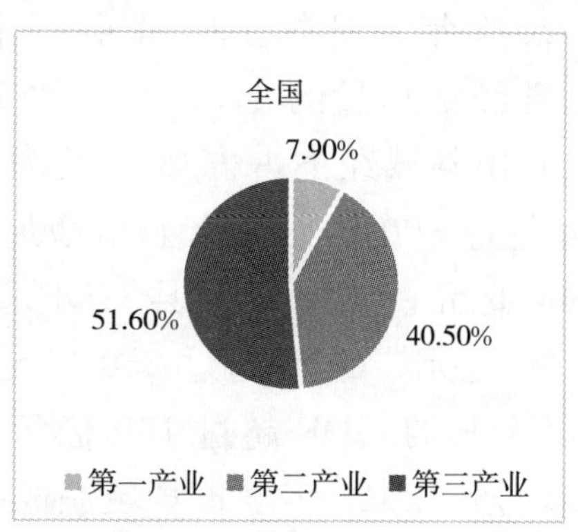

图 1－16　2017 年产业结构与全国均值的比较

5. 进出口贸易结构

2017 年，安徽省出口总额占进出口贸易总额的比重为 56.83%，进口总额所占比重为 43.17%；而全国出口总额占进出口总额的比重

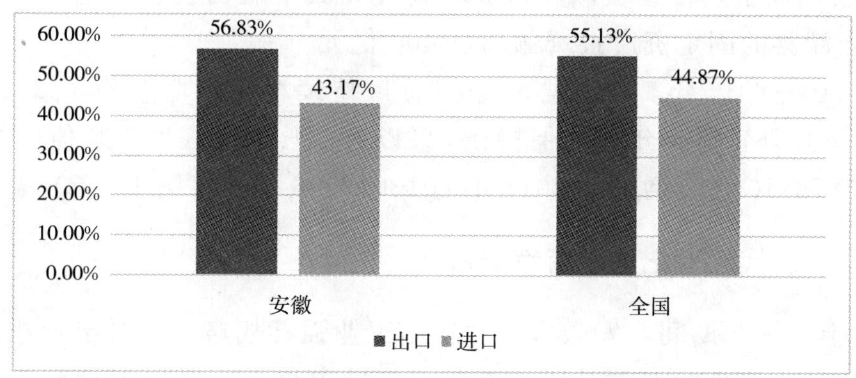

图 1－17　2017 年安徽省进出口贸易结构与全国的比较

为 55.13%，进口总额所占比重为 44.87%（图 1－17）。与全国进出口贸易结构相比，安徽省出口所占比重较高，贸易顺差较大。

第二节　安徽省县域经济发展总体概况

一、县域经济综合实力显著提高

2017 年，安徽省 61 个县（市）地区生产总值为 13019.26 亿元，占全省经济总量的 47.31%，比 2016 年的 48.05%低 0.74 个百分点，可以看出县域经济占安徽省经济的比重略有回落。其中 7 个县（市）GDP 超过 300 亿元，比上年增加了两个，肥西县、肥东县 GDP 均超过 500 亿元，其中肥西县 GDP 高达 685.45 亿元，肥东县 GDP 高达 596.14 亿元；GDP 超过 250 亿元的有 17 个，比上年增加了 7 个；共有 52 个县的 GDP 超过 100 亿元，比上年增加 1 个。县域财政实力进一步增强，2017 年全省县域完成财政收入 939.00 亿元，增长 4.76%。财政收入超过 20 亿元的县域数量由上年的 12 个增加到 13 个；超过 10 亿元的县域数量由上年的 40 个增加到 41 个；共有 57 个县的财政收入超过 5 亿元。县域经济发展活力继续增强，县域完成固定资产投资额 14271.69 亿元，共有 44 个县的固定资产投资额超过 150 亿元，共有 16 个县的固定资产投资额超过 300 亿元，其中肥西县、肥东县、长丰县、当涂县的固定资产投资额超过 400 亿元。

2010—2017 年，安徽县域经济总量持续增长，增速除了 2015 年（6.54%）外，其余年份均保持在 8%以上。县域地区生产总值由 2010 年的 5879.10 亿元增加到 2017 年的 13019.26 亿元（图 1－18）。

二、现代工业化进程持续推进

“十三五”期间，安徽省大力实施工业强县战略，及时出台相应的扶持政策，培育壮大重点县域工业，一批中小企业得以发展壮大，县域工业发展实力逐年增强，工业经济总量持续增加，效益质量稳步提

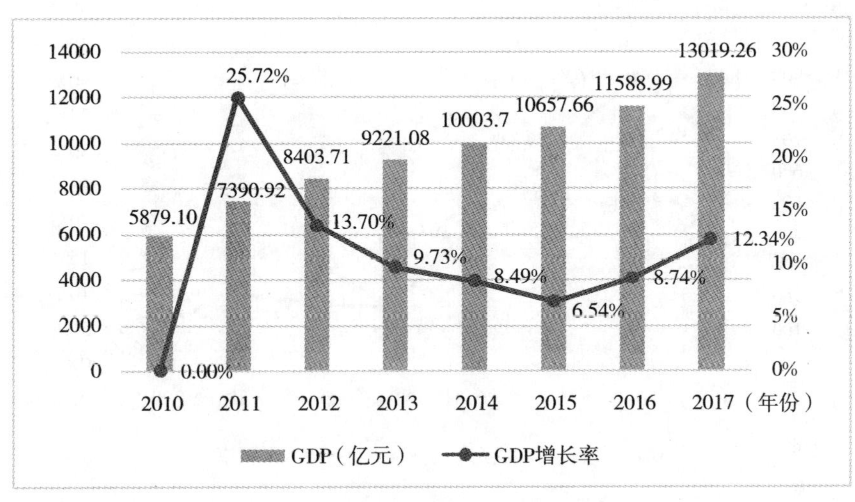

图 1－18　2010—2017 年安徽省县域地区生产总值及增长率

升。2017 年，全省 61 个县（市）的第二产业增加值达到 6554.25 亿元，增长 9.0%，其中肥西县、肥东县、长丰县、无为县、天长市、当涂县的第二产业增加值均超过 200 亿元；其中工业增加值达到 6651.64 亿元，比上年增长 9.2%。县域适应消费结构升级和产业结构调整的要求，把培育壮大新兴产业和改造提升传统产业紧密结合起来，加快工业化进程。县域经济对全省工业经济的贡献率稳步提高，工业主导地位稳中有升。2017 年，全省共有 11 个县（市）的第二产业比重超过 60%，其中繁昌县、肥西县、肥东县、当涂县超过 65%的比重，工业强县战略成效显著，优势产业地位提升，内部结构逐步转型，工业主导地位进一步凸显。

三、财政收支增速平稳

2017 年，安徽省 61 个县（市）财政收入增速稳定。2010—2017 年，安徽县域地方财政收入保持稳定增长的态势。县域地方财政收入由 2010 年的 316.18 亿元提高到 2017 年的 939.0 亿元，增加了 2.97 倍，年均增长率为 19.07%。经历 2011 年 40.63%的高增长率后，增速回落至 2017 年的 4.76%（图 1－19）。

2017 年，安徽省 61 个县（市）的财政支出不断加大。其中，财

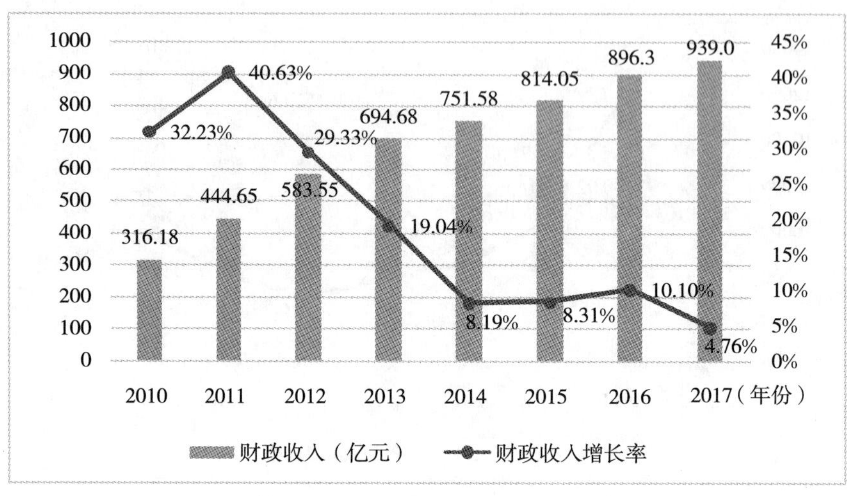

图 1-19 2010—2017 年安徽省县域地方财政收入及增长率

政总支出为 2707.61 亿元，比上年增加了 311.82 亿元，县域地方财政支出由 2010 年的 1009.02 亿元提升到 2017 年的 2707.61 亿元，增加了 2.68 倍，平均增长率为 15.14%。2017 年增长率由 2016 年的 5.12%上升至 13.02%。县域财政的快速增长为安徽县域经济的发展提供了有力的保障（图 1-20）。

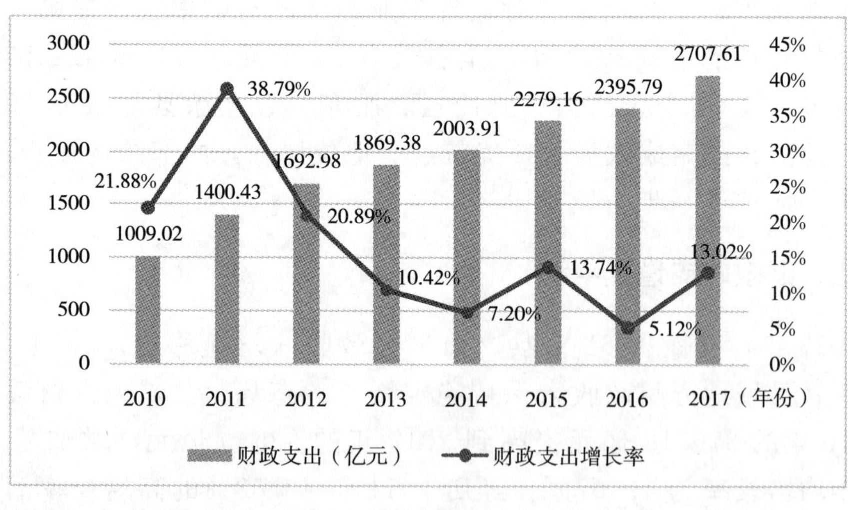

图 1-20 2010—2017 年安徽省县域地方财政支出及增长率

四、农村居民收入持续较快增长

2017 年，安徽省将美好乡村建设与特色小镇建设相结合，加快落实各项惠农扶持政策，推进城乡经济持续发展，农村居民收入较快增长。2017 年，全省 61 个县（市）农民人均可支配收入为 12949.5 元，增长 9.43%。2010—2017 年，安徽县域农民人均可支配收入由 2010 年的 5328.86 元增加至 2017 年的 12949.5 元，增加了 2.43 倍，年均增长率为 13.52%。农民人均可支配收入在经历了 2011 年 19.46%的高增长率后，2015 年增长率逐步放缓，近几年稳定在 10%左右的水平。农民人均可支配收入增长得越快，反映人民生活水平提高得越快，消费能力越强。提高农民人均可支配收入，对缩小城乡差距有一定的积极作用（图 1-21）。

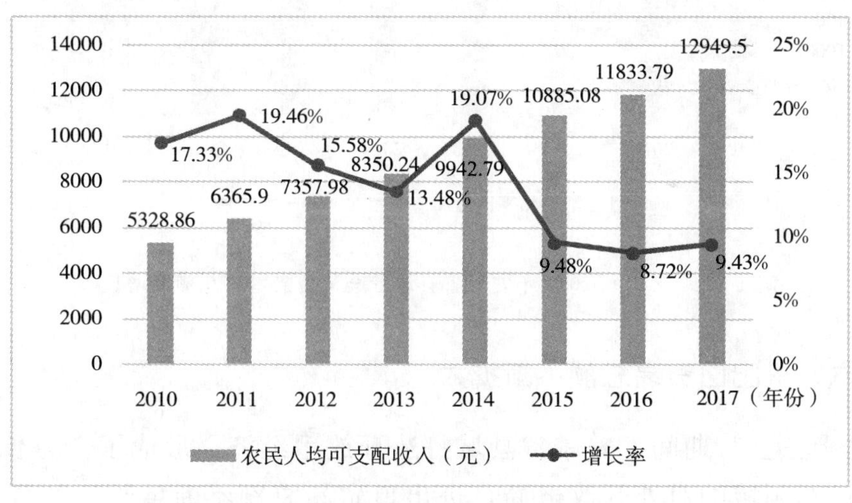

图 1-21　2010—2017 年安徽省县域农民人均可支配收入及增长率

五、县域消费水平不断提高

2017 年，安徽省消费品市场保持平稳较快增长，其中县域消费市场也在积极挖掘消费潜力，推动全省消费需求稳步增长。2010—2017 年，安徽省县域社会消费品零售总额不断增长，社会消费品零售总额由 2010 年的 1781.27 亿元增加到 2017 年的 4530.33 亿元，年平均增长率达到14.27%，其中太和县、怀远县、涡阳县、无为县的社会消费品零售总额超过了120亿元，位居前四。2017年，61个县（市）中，人均社会消费品零售总额超过18000元的有4个县，分别是宁国市、绩溪县、当涂县、繁昌县，超过10000元的有31个县，比2016年多3个，比2015年多10个，比2014年多18个。由此可见，县域消费市场逐渐升温，在一定程度上增强了县域经济发展的动力（图1-22）。

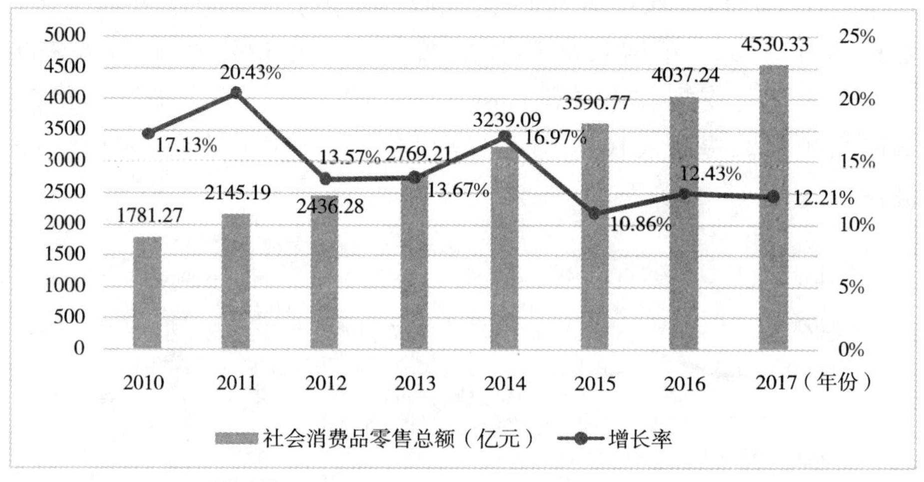

图1-22 2010—2017年安徽省县域社会消费品零售总额及增长率

六、进出口贸易总额不断扩大

“十三五”期间，安徽省县域打造开放型经济，形成了全方位、多层次、宽领域的对外开放格局，进出口贸易总额不断增长。2017年全省61个县（市）的进出口总额达到102.8亿美元，增长1.8%，其中出口达到81.9亿美元，增长2.0%。具体来看，2017年共有29个县（市）的进出口总额超过1亿美元，其中肥西县、天长市、长丰县、肥东县、广德县、巢湖市、宁国市、芜湖县、和县、太和县的进出口实际完成额位居全省61个县（市）前十名，分别达到16.60亿美元、6.94亿美元、4.80亿美元、4.47亿美元、4.35亿美元、4.32亿美元、4.04亿美元、4.02亿美元、3.18亿美元、3.02亿美元。从进出口总额的增速方面来看，灵璧县、萧县、寿县的增速最快，2017 年进出口总额同比增长都超过了 100%，分别达到 1260.8%、351.0%、120.5%，另有 8 个县（市）的增速超过 40%。各县（市）进出口总额快速增长，成为拉动县域经济增长的持久动力。安徽省县域积极引进外资产业，推动引资、引技、引智有机结合，利用外资的质量和效益不断提升。

第三节　安徽县域经济发展存在的问题

一、县域经济增速下滑明显，经济实力有待进一步提升

"十三五"期间，安徽省经济总量不断增加，县域经济也相应地不断发展。安徽省的县域经济总量由 2010 年的 5879.1 亿元增长至 2017 年的 13019.26 亿元，但是县域经济总量相对较低，经济实力仍然较弱，县域经济增速近几年下降明显，由 2010 年的 22.26%下降至 2017 年的 12.34%。就安徽县域经济对全省经济的贡献率而言，总体贡献率波动幅度不大，基本在 47%以上，2012 年更是达到了 49.29%。自 2013 年开始，由于面临经济下行的压力，县域经济的贡献率稍有降低，但是也基本维持在 48%以上，说明县域经济的发展对于推动全省经济的发展具有重要的作用，然而县域经济的贡献率低于 50%，说明安徽省县域经济的贡献率有待提升，发展空间依然很大（图 1 - 23）。

根据地理位置、方言与文化习俗的不同，安徽省可分为皖南、皖中和皖北。皖北、皖中和皖南的县域 GDP 增速分别从 2011 年的 20.57%、24.85% 和 23.52% 下降至 2014 年的 7.67%、9.02% 和 8.58%。2015 年由于将皖中的六安市寿县划入皖北的淮南市，皖中的安庆市枞阳县划入皖南的铜陵市，撤销原铜陵县，导致皖中县域 GDP 减少，而皖北县域 GDP 增加，GDP 增速有所上升，后面对宏观经济的大环境，GDP 增速均有所调整。2017 年皖北、皖中和皖南的县域

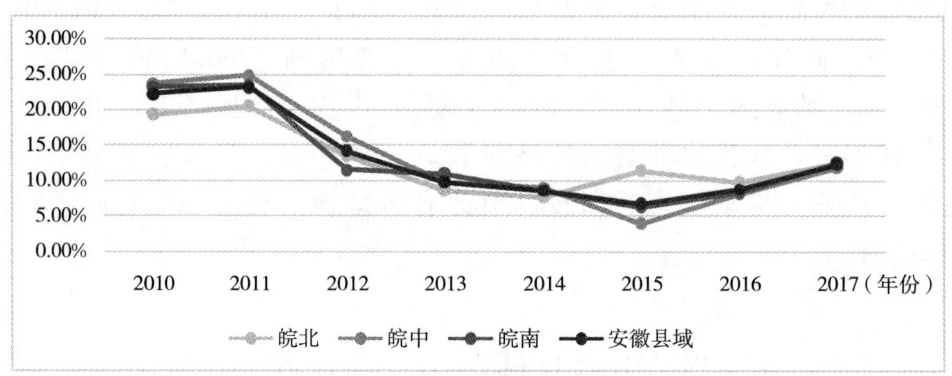

图 1-23 2010—2017 年皖北、皖中、皖南及安徽县域 GDP 增速对比

GDP 增速分别为 12.61%、11.93%和 12.66%。

从 GDP 总量占比来看，皖北、皖中和皖南的县域 GDP 占比有着明显的变化，其中，皖北县域 GDP 占比由 2010 年的 30.31%增加至 2017 年的 31.42%；皖中县域 GDP 占比由 2010 年的 48.27%降低至 2017 年的 41.29%；皖南县域 GDP 占比由 2010 年的 21.42%增加至 2017 年的 27.28%。虽然近几年的行政区域发生了变化，但是可以看出皖南县域 GDP 占比不断提升，而皖中县域 GDP 所占比重相应地有所下降（图 1-24）。

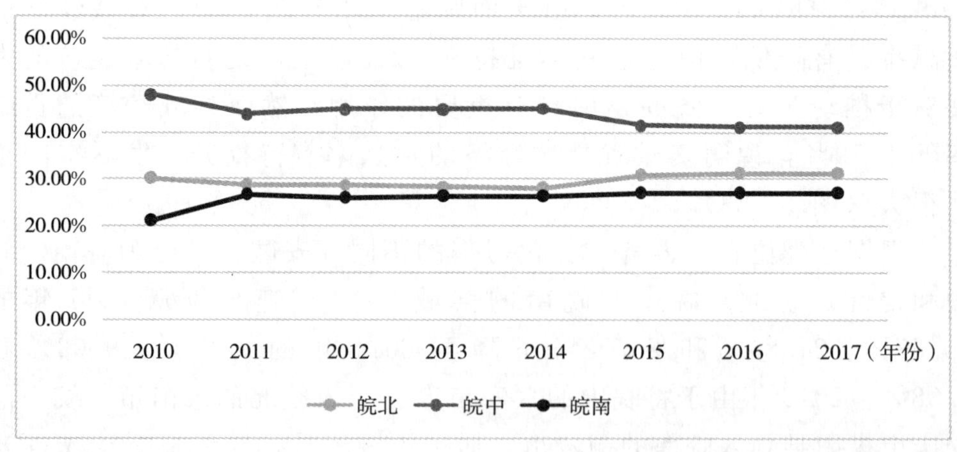

图 1-24 2010—2017 年皖北、皖中和皖南县域 GDP 占比

二、县域产业结构升级缓慢，产业结构有待进一步优化

2010—2017年，安徽省县域的产业结构由2010年的23.08∶49.12∶27.80转变为2017年的15.57∶50.34∶34.09。其中，第二产业的比重变化不大，第一产业的比重有所下降，第三产业的比重有所上升，呈现出明显的“二、三、一”发展格局（图1-25）。

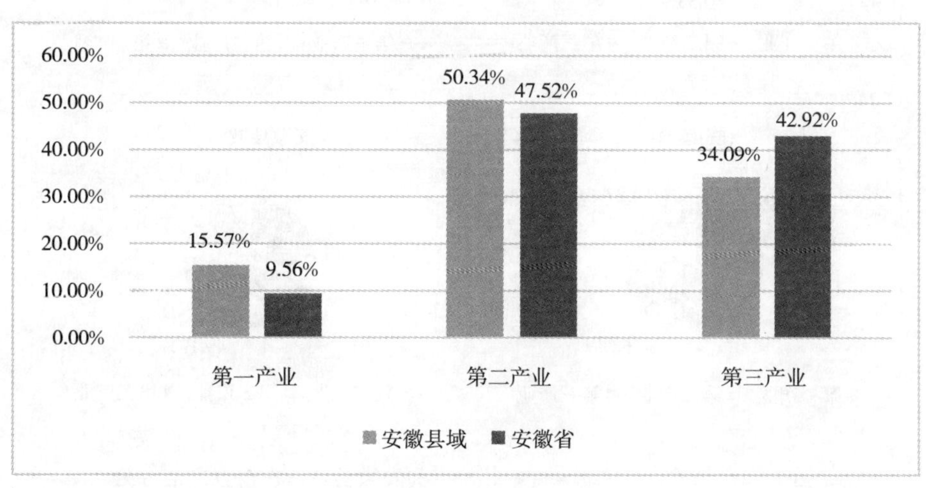

图1-25　2017年安徽省县域与安徽省产业结构比较

2017年安徽省县域的产业结构比为15.57∶50.34∶34.09，与全省平均水平相比可以看出，安徽省县域经济中的第二产业虽然蓬勃发展，比重略高于全省平均水平，但是第一产业、第二产业占比不合理，第一产业占比虽然下降，但所占比重依然较大，高于全省平均水平6.01个百分点；第三产业没有呈现良性发展态势，低于全省平均水平8.83个百分点。因此，安徽省县域产业结构转型升级较慢，仍有较大的改善空间（图1-26）。

从皖北、皖中和皖南的不同区域分布来看，皖北的三次产业产值占比由2010年的30.87∶40.53∶28.60调整为2017年的21.62∶41.98∶36.40；皖中三次产业产值占比由2010年的21.82∶51.17∶27.01调整为2017年的14.11∶54.36∶31.53。可以看出，皖中的第一产业比重下降明显，第三产业比重有所上升；皖南三次产业产值占

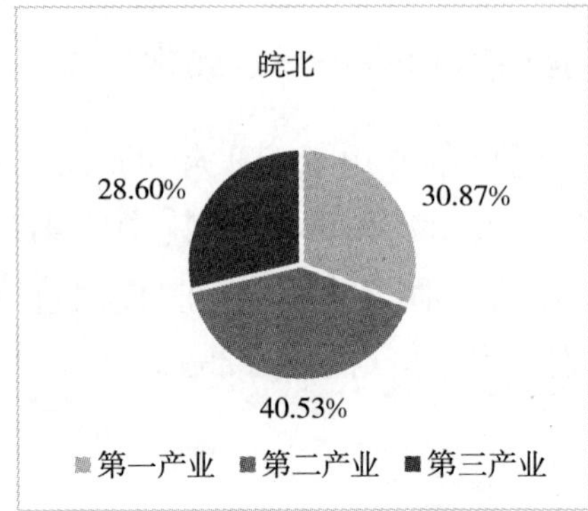

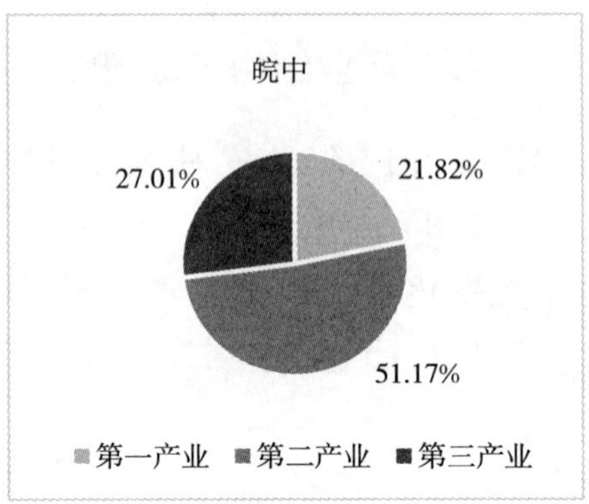

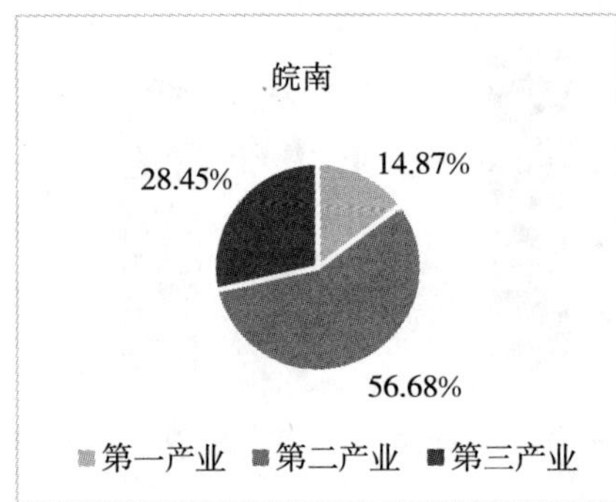

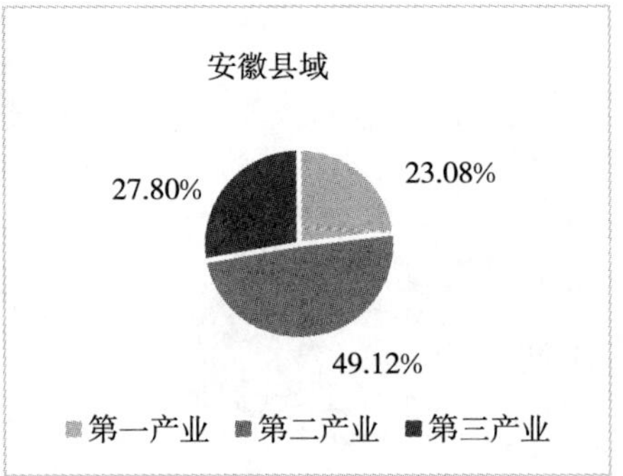

图 1－26　2010 年皖北、皖中、皖南和安徽县域三次产业产值占比

比由 2010 年的 14.87∶56.68∶28.45 调整为 2017 年的 10.80∶53.90∶35.30。皖南的产业结构经历了第一产业和第二产业比重下降、第三产业比重上升的过程。总体来看，皖北的第一产业比重虽然下降了，但仍高于皖中和皖南，甚至高于安徽省县域的第一产业比重，而皖中和皖南的第二产业比重也高于皖北和安徽县域，且三大区域的第三产业比重都不够高，说明安徽省县域内部的产业结构发展不平衡，县域总体的产业结构优化升级进程较为缓慢（图 1－27）。

从以上三大区域的产业结构变化可以看出，第一产业比重均处于有所下降的趋势，第二产业大体上保持稳定，第三产业比重均处于不断上升的态势，说明安徽省县域都在大力发展第三产业。虽然安徽省县域的第三产业比重逐年提高，但较为缓慢，且第二产业比重过高，因此这种“二、三、一”产业结构仍需进一步调整和优化。要加快产品结构不断向高科技、高附加值、绿色环保方向转变，产业层次不断

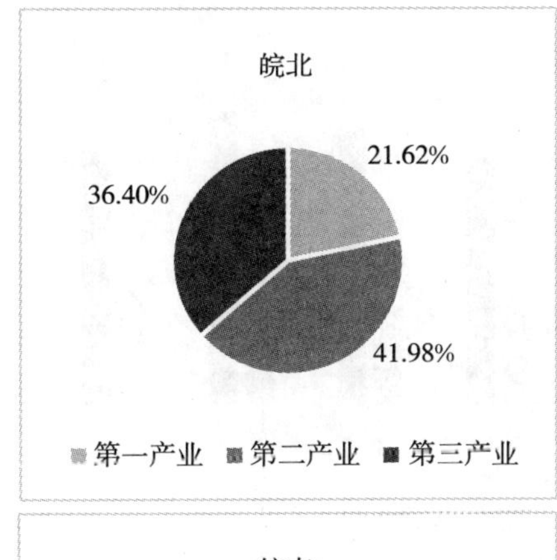

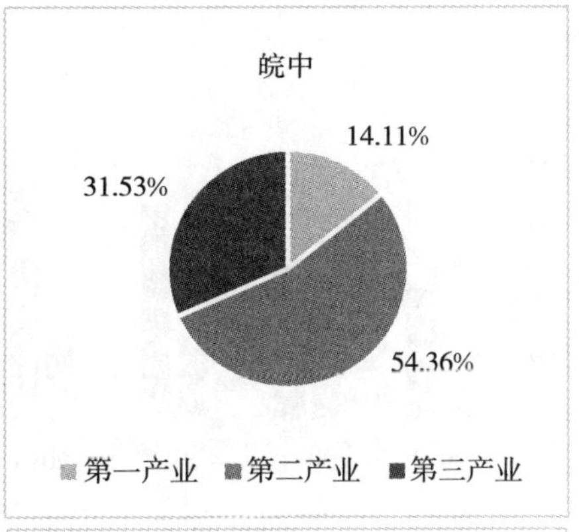

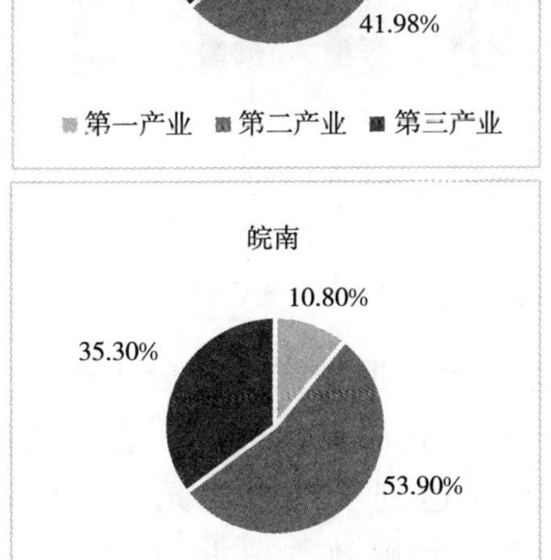

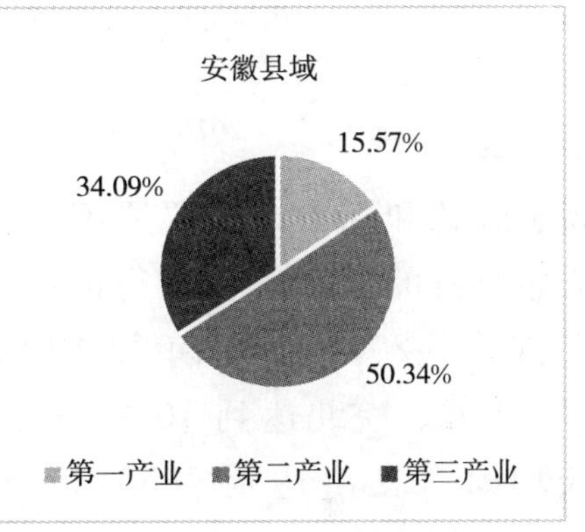

图 1－27　2017 年皖北、皖中、皖南和安徽省县域三次产业产值占比

向高端延伸，产业结构不断优化。

三、县域财政收支不平衡，财政效率有待进一步提升

2010—2017 年，安徽县域人均财政收入和人均财政支出不断增加，2017 年安徽县域人均财政收入为 1893.84 元，同比增长 4.36％，比 2016 年增速降低 4.83 个百分点；人均财政支出为 5460.90 元，同比增长 12.58％，比 2016 年增速提高 7.12 个百分点。可以看出，财政支出的增速要高于财政收入的增速，财政收支失衡明显。虽然近几年安徽县域人均财政收支增速有所减缓，但是财政支出水平依旧远远高于财政收入水平，财政收支矛盾突出，难以实现财政收支平衡（图 1－28）。

从安徽县域人均财政收支的变化情况来看，皖南的人均财政收支

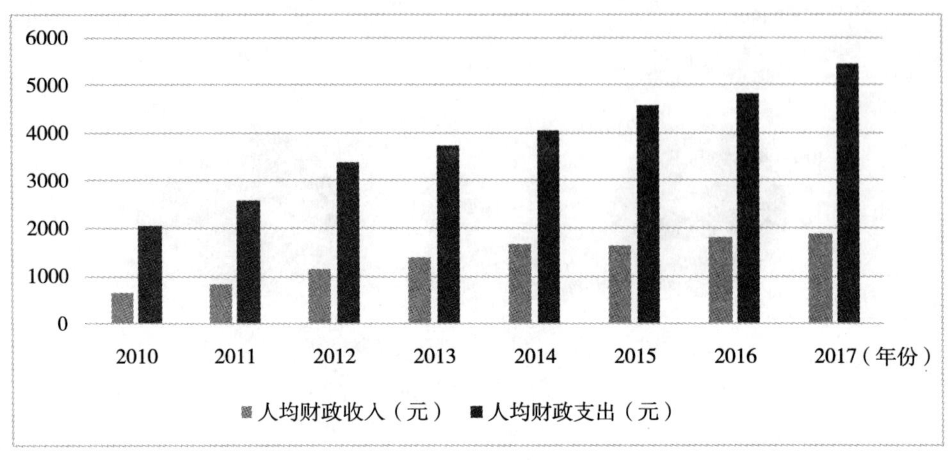

图 1-28 2010—2017 年安徽省县域人均财政收支变化情况

要高于皖北和皖中，主要原因在于皖南地区覆盖的县域较多，且该区域依靠自身的发展特色获得的收入较高，税收收入较多。在人均财政收入方面，2017 年皖南人均财政收入达到 3596.20 元、皖中达到 2164.07 元、皖北达到 1079.26 元；在人均财政支出方面，2017 年皖南人均财政支出达到 7655.86 元、皖中达到 5987.49 元、皖北达到 4284.16 元（图 1-29、图 1-30、图 1-31）。

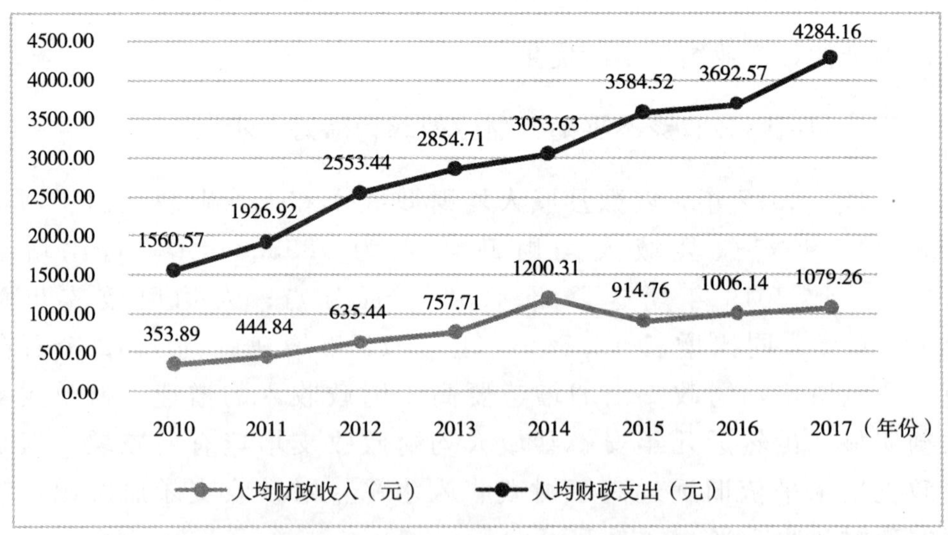

图 1-29 2010—2017 年皖北人均财政收支变化情况

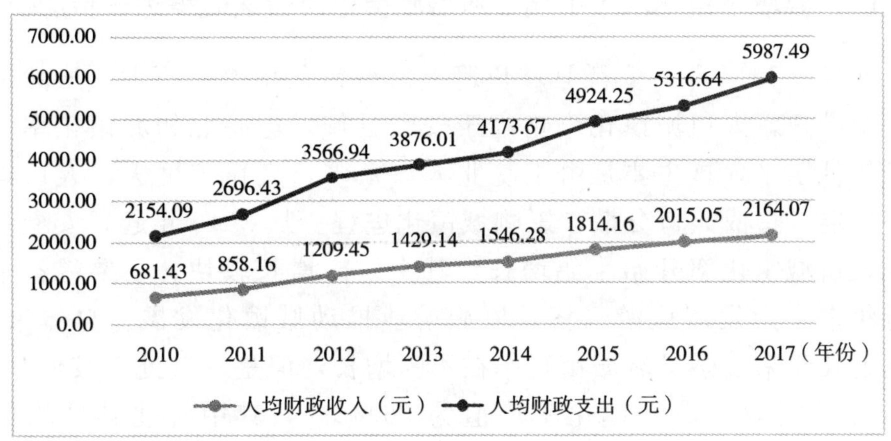

图 1-30 2010—2017 年皖中人均财政收支变化情况

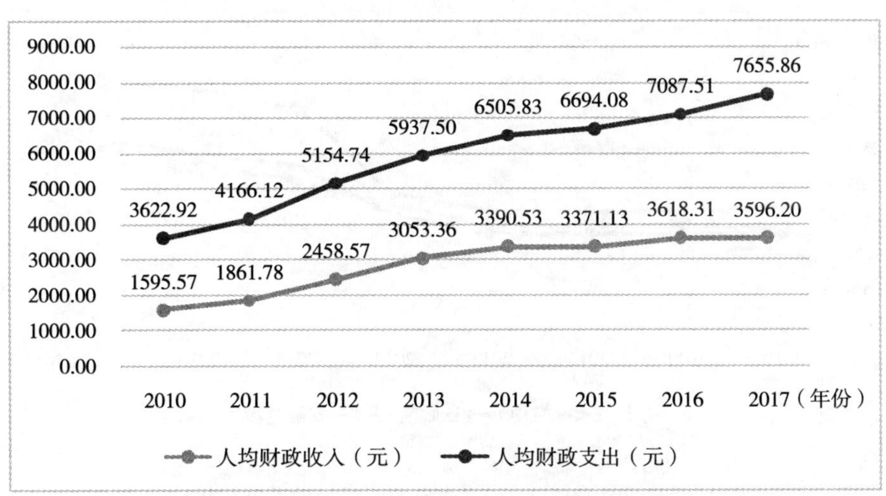

图 1-31 2010—2017 年皖南人均财政收支变化情况

2017 年三大区域的人均财政收支差额均不同程度增加，其中皖北较为明显，皖中和皖南较 2016 年也有所提高。一方面，安徽县域的人均财政收支仍处于较低水平，有待提高；另一方面，人均财政支出水平远远高于人均财政收入水平，表明随着经济下行压力加剧，财政收支失衡问题更加凸显，各县难以实现财政收支均衡。

四、县域城镇化水平不高，新型城镇化建设速度需进一步加快

2010—2014 年，安徽县域户籍人口城镇化率增幅不大，虽然皖中和皖南的户籍人口城镇化率略高于安徽县域，但皖北的城镇化率一直处于较低水平，这主要是由于皖北人口众多，人口密度大，人口集聚能力较弱，造成人口分散，影响城镇化进程。从 2015 年起，安徽县域常住人口城镇化率开始小幅增长，其中皖南增长较快，主要得益于皖南近年来大力发展旅游经济，以旅游业推动城镇化发展。总体来看，虽然近几年来安徽县域城镇化率在不断增长，但是一直处于较低水平。2017 年，安徽县域城镇化率均值为 26.48%，其中皖北县域均值为 23.57%、皖中县域均值为 25.61%、皖南县域均值为 34.94%。可以看出，安徽县域城镇化水平低，有待进一步提高（图 1-32）。

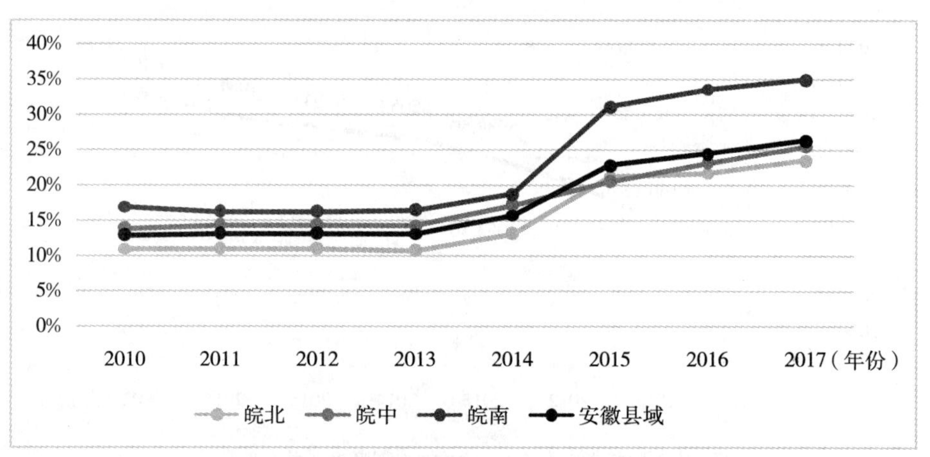

图 1-32　2010—2017 年安徽省不同区域的县域城镇化率

从图 1-32 可看出，近几年安徽县域的城镇化水平较低，增速不快，因此，安徽省应该把工业化与城镇化的发展相互结合起来，实现工业化与城市化之间的协调发展。要积极推进户籍制度改革，解决农村剩余劳动力转移的问题，让农村剩余劳动力得到充分利用，打破和革新城乡二元体制，让更多的农村剩余劳动力投入新型城镇化的建设中来。

第二章　安徽省县域经济竞争力排名

第一节　综合竞争力排名

一、综合竞争力评价排名

县域经济综合竞争力考查县域经济和社会发展综合实力，评价指标选取了经济和社会发展方面的代表性指标，具体涉及基本竞争力、发展速度、基础设施、资源禀赋、产业竞争力、人才优势、经济发展活力、环境保护能力、政府能动力、社会发展水平、投资环境优势、特色经济和城乡融合等13个二级指标，112个三级指标。安徽县域经济综合竞争力排名（2018届）见表2-1所列。

表2-1　安徽县域经济综合竞争力排名（2018届）①

类型	县（市）	得分	排名
上游区域	肥西县	0.8695	1
	肥东县	0.8648	2
	长丰县	0.5626	3
	无为县	0.5284	4
	怀远县	0.3632	5
	天长市	0.3612	6
	巢湖市	0.3606	7
	芜湖县	0.2754	8
	庐江县	0.2599	9
	全椒县	0.2464	10

① 按照综合评价得分划分为四种类型：排名1～10名为上游区域，11～30名为中上游区域，31～51名为中下游区域，52～61名为下游区域。

（续表）

类型	县（市）	得分	排名
中上游区域	濉溪县	0.2026	11
	宁国市	0.1985	12
	南陵县	0.1936	13
	蒙城县	0.1811	14
	当涂县	0.1784	15
	太和县	0.1701	16
	颍上县	0.1632	17
	来安县	0.1619	18
	广德县	0.1595	19
	寿县	0.1573	20
	利辛县	0.1346	21
	和县	0.1206	22
	涡阳县	0.1014	23
	萧县	0.0582	24
	繁昌县	0.0519	25
	灵璧县	0.0405	26
	郎溪县	0.0390	27
	凤阳县	0.0056	28
	临泉县	−0.0137	29
	界首市	−0.0143	30
中下游区域	固镇县	−0.0354	31
	阜南县	−0.0434	32
	凤台县	−0.0480	33
	含山县	−0.0667	34
	休宁县	−0.0996	35
	岳西县	−0.1106	36
	定远县	−0.1206	37
	砀山县	−0.1338	38
	泗县	−0.1407	39

（续表）

类型	县（市）	得分	排名
中下游区域	歙县	−0.1435	40
	金寨县	−0.1551	41
	五河县	−0.1690	42
	舒城县	−0.1735	43
	宿松县	−0.1765	44
	绩溪县	−0.2007	45
	枞阳县	−0.2127	46
	泾县	−0.2190	47
	桐城市	−0.2284	48
	明光市	−0.2350	49
	怀宁县	−0.2549	50
	霍邱县	−0.2554	51
下游区域	望江县	−0.2798	52
	东至县	−0.2990	53
	潜山市	−0.3017	54
	祁门县	−0.3264	55
	太湖县	−0.3266	56
	霍山县	−0.3671	57
	旌德县	−0.3944	58
	青阳县	−0.4142	59
	黟县	−0.5171	60
	石台县	−0.5258	61

安徽县域经济综合竞争力排名（2018届）前十位为：肥西县、肥东县、长丰县、无为县、怀远县、天长市、巢湖市、芜湖县、庐江县、全椒县。2017届的前十位为：肥西县、肥东县、长丰县、天长市、太和县、宁国市、和县、当涂县、怀远县、寿县。与2017届比较，2018届排名发生了显著的变化，进入前10名的无为县、巢湖市、芜湖县、庐江县和全椒县代替了上年的太和县、宁国市、和县、当涂县和寿县。

安徽县域经济综合竞争力排名（2018 届）前十位的规模：常住人口为 869.83 万人，占全省县域人口的 17.54%；地区生产总值为 3803.64 亿元，占全省县域生产总值的 29.21%；地方财政收入 432.2 亿元，占全省县域财政收入的 29.25%；固定资产投资额为 4208.28 亿元，占全省县域社会固定资产投资额的 29.49%；社会零售商品总额为 944.51 亿元，占全省县域社会固定资产投资额的 20.85%；人均地区生产总值为 53819.87 元，比全省县域人均 GDP 36520.42 元高 17299.44 元；农民人均可支配收入为 17225.1 元，比全省县域农民人均可支配收入 13421.34 元高 3803.76 元；GDP 发展速度指标均值为 8.37%，比全省县域 GDP 发展速度均值 8.12%高 0.25 个百分点；第一产业占 GDP 比重为 12.63%，比全省县域相应值 16.57%低 3.94 个百分点；第二产业占 GDP 比重 55.09%，比全省县域相应值 47.41%高 7.68 个百分点；第三产业占 GDP 比重为 32.28%，比全省县域相应值 36.01%低 3.74 个百分点；县内高速公路里程数为 724.6 千米，占全省县域高速公路里程数的 20.15%；县域平均森林储蓄量为 173.62 万立方米，比全省县域森林平均储蓄量 307.03 万立方米少 133.41 万立方米；平均专利申请量与授权量分别为 5572.79、1875.82 件，分别比全省县域相应值 1923.33、632.50 件高出 3649.46、1243.32 件；出口总额均值为 44671 万美元，比全省县域出口总额平均值 16782 万美元高出 27889.4 万美元；平均城市化率为 31.05%，比全省县域相应值 28.30%高出 2.75 个百分点；人均科教文卫事业均值支出为 2928.10 元，比全省县域相应值 2629.22 元高出 298.88 元；平均万元 GDP 能耗为 0.3723 吨标准煤，比全省县域相应值 0.5253 吨标准煤低 0.1530 吨标准煤。虽然十强县的规模占全省县域的规模很大，且呈逐渐递增的趋势，但是在人均 GDP、第三产业产值占 GDP 的比重、出口额、城市化率等指标方面还有待提高。

二、综合竞争力排名空间分布

从图 2－1 可以看出，安徽县域经济综合竞争力呈现“北强南弱中间凸起”的片状空间分布规律。依托合肥都市圈、皖北沿淮城市群、南京都市圈安徽地域等大城市辐射带动周边县域经济综合竞争力明显要强于那些缺乏大城市带动的皖南地区和皖中大别山区的县域。合肥都市圈周边的肥西县、肥东县、长丰县、巢湖市、庐江县、天长市、全椒县等 7 个县市综合竞争力处于排名前十的上游区域；皖北沿淮城市群周边县域虽只有怀远县的经济发展综合竞争力排在前十位，但皖北地区其余大部分县市的综合竞争力排在中上游区域；马鞍山市、芜湖市的周边县域进入综合竞争力前十强，且其余县域也处于中上游区域。而与此形成鲜明对比的是大别山区和皖南山区县域的综合竞争力大部分位于中下游及下游区域。

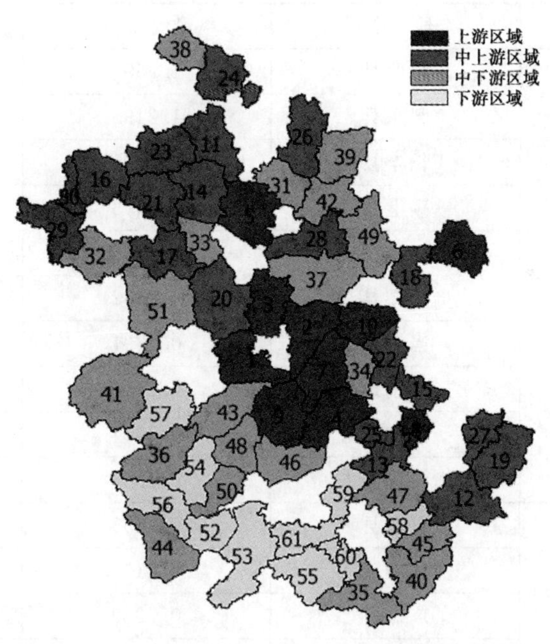

图 2－1　安徽县域经济综合竞争力排名空间分布①

① 图中县域对应的数字表示 2017 年安徽省综合竞争力排名位次；图中内部空白部分为对应地市市区区域，不在本报告研究范围内，下同。

第二节　基本竞争力排名

一、基本竞争力评价排名

县域经济基本竞争力考查县域经济基本指标完成情况，选取的评价指标包括县域经济总量、人均和速度等共27个三级指标。安徽县域经济基本竞争力排名（2018届）见表2-2所列。

表2-2　安徽县域经济基本竞争力排名（2018届）

类型	县（市）	最终得分	排名
上游区域	肥西县	1.9505	1
	肥东县	1.2495	2
	长丰县	0.9909	3
	颍上县	0.7798	4
	天长市	0.7703	5
	芜湖县	0.7352	6
	当涂县	0.6791	7
	宁国市	0.6106	8
	太和县	0.5617	9
	无为县	0.4888	10
中上游区域	繁昌县	0.4655	11
	巢湖市	0.4103	12
	广德县	0.3989	13
	怀远县	0.3588	14
	濉溪县	0.3439	15
	和　县	0.2690	16
	涡阳县	0.2537	17
	南陵县	0.2401	18
	庐江县	0.2341	19
	蒙城县	0.2322	20

（续表）

类型	县（市）	最终得分	排名
中上游区域	临泉县	0.2223	21
	来安县	0.2017	22
	界首市	0.1527	23
	萧　县	0.1227	24
	固镇县	0.0265	25
	利辛县	0.0004	26
	寿　县	0.0001	27
	全椒县	−0.0888	28
	定远县	−0.0930	29
	含山县	−0.1032	30
中下游区域	泗　县	−0.1037	31
	阜南县	−0.1053	32
	舒城县	−0.1087	33
	郎溪县	−0.1205	34
	五河县	−0.1378	35
	凤阳县	−0.1501	36
	灵璧县	−0.1966	37
	枞阳县	−0.2054	38
	怀宁县	−0.2138	39
	凤台县	−0.2225	40
	霍邱县	−0.2722	41
	砀山县	−0.2967	42
	金寨县	−0.3157	43
	岳西县	−0.3644	44
	桐城市	−0.4002	45
	歙　县	−0.4144	46
	宿松县	−0.4225	47
	潜山市	−0.4361	48
	明光市	−0.4435	49
	泾　县	−0.4482	50
	霍山县	−0.4490	51

（续表）

类型	县（市）	最终得分	排名
下游区域	望江县	−0.4702	52
	绩溪县	−0.5285	53
	太湖县	−0.5305	54
	休宁县	−0.5535	55
	东至县	−0.5707	56
	青阳县	−0.6328	57
	黟　县	−0.6909	58
	祁门县	−0.7012	59
	旌德县	−0.8202	60
	石台县	−1.1677	61

安徽县域经济基本竞争力排名（2018届）前十位为：肥西县、肥东县、长丰县、颍上县、天长市、芜湖县、当涂县、宁国市、太和县、无为县。而2017届前十位是：肥西县、肥东县、长丰县、天长市、当涂县、太和县、怀远县、和县、无为县、宁国市。与2017届相比，不但排名情况发生了变化，而且新进入前十名的颍上县、芜湖县代替了上年的怀远县、和县。

安徽县域经济基本竞争力排名（2018届）前十位县域的规模：常住人口为783.9万人，占全省县域总人口的19.32%；地区生产总值为3873.43亿元，占全省县域总产值的29.75%；固定资产投资额为4264.73亿元，占全省县域固定资产投资完成额的29.88%；社会零售商品总额为1007.92亿元，占全省县域社会零售商品总额的22.23%；人均GDP为58675.9元，比全省县域人均GDP 36520.4元高22155.5元；农民人均纯收入为17084.2元，比全省县域农民人均纯收入13421.3元高3662.9元；GDP发展速度均值为8.75%，比全省县域GDP发展速度均值8.12%高0.63个百分点。

二、基本竞争力排名空间分布

从图 2-2 中可以看出，安徽省县域经济基本竞争力空间分布呈现“北强南弱中间凸起”的片状分布规律。与综合竞争力相类似，依托合肥都市圈、皖北沿淮城市群、南京都市圈安徽地域等大城市辐射带动周边县域经济基本竞争力明显要强于那些缺乏大城市带动的皖南地区和皖中大别山区的县域。在皖中合肥周边肥西县、肥东县、长丰县 3 个县市的基本竞争力分别位列安徽县域经济基本竞争力排名榜前三位；皖北沿淮城市群中太和县、颍上县 2 个县市的基本竞争力排名也进入前十位，且皖北其余县域的基本竞争力也都排在中上游区域；天长市、芜湖县、当涂县、宁国市、无为县等 5 个基本竞争力十强县也都位于芜湖市、马鞍山市、滁州市周边。而与此形成鲜明对比的是中下游以及下游区域则主要集中在安徽省西南部，尤其是下游区域 10 个县市全部位于皖中大别山区和皖西南山区。

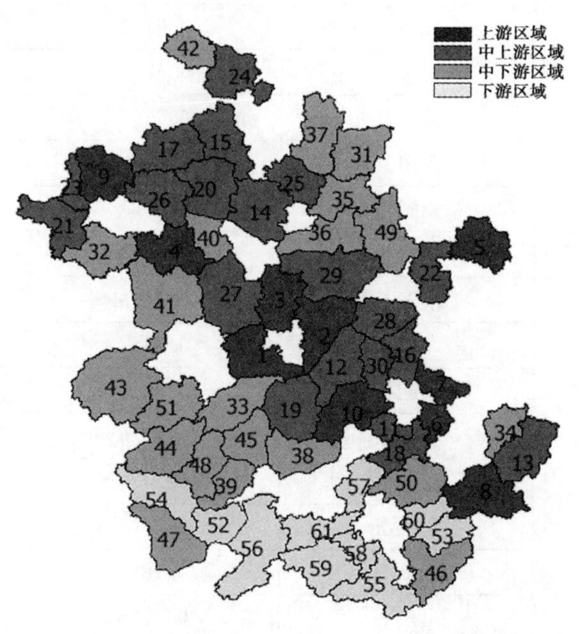

图 2-2　安徽县域经济基本竞争力排名空间分布

第三节 发展速度竞争力排名

一、发展速度竞争力评价排名

县域经济发展速度竞争力主要考查县域经济发展的增速，选取的评价指标包括GDP增长率、财政收入增长率和固定资产投资增长率等13个三级指标。安徽县域经济发展速度竞争力排名（2018届）见表2－3所列。

表2－3 安徽县域经济发展速度竞争力排名（2018届）

类型	县（市）	得分	排名
上游区域	灵璧县	1.9195	1
	界首市	0.8285	2
	太和县	0.7784	3
	南陵县	0.6260	4
	萧县	0.6109	5
	临泉县	0.5783	6
	无为县	0.5337	7
	涡阳县	0.5323	8
	芜湖县	0.5234	9
	蒙城县	0.4813	10
中上游区域	来安县	0.3908	11
	寿县	0.3452	12
	泗县	0.3017	13
	利辛县	0.2875	14
	砀山县	0.2436	15
	颍上县	0.2267	16
	舒城县	0.1861	17
	阜南县	0.1798	18
	濉溪县	0.1333	19
	天长市	0.0858	20

（续表）

类型	县（市）	得分	排名
中上游区域	定远县	0.0609	21
	肥东县	0.0465	22
	金寨县	0.0420	23
	全椒县	0.0155	24
	固镇县	−0.0118	25
	宁国市	−0.0315	26
	桐城市	−0.0383	27
	和县	−0.0646	28
	广德县	−0.0795	29
	长丰县	−0.0837	30
中下游区域	怀远县	−0.0982	31
	岳西县	−0.1005	32
	凤阳县	−0.1206	33
	巢湖市	−0.1353	34
	宿松县	−0.1526	35
	泾县	−0.1646	36
	五河县	−0.1896	37
	太湖县	−0.1920	38
	含山县	−0.2105	39
	怀宁县	−0.2198	40
	潜山市	−0.2298	41
	当涂县	−0.2354	42
	繁昌县	−0.2405	43
	肥西县	−0.2423	44
	郎溪县	−0.2453	45
	望江县	−0.2490	46
	歙县	−0.2638	47
	枞阳县	−0.2716	48
	祁门县	−0.3227	49
	休宁县	−0.3253	50
	绩溪县	−0.3406	51

（续表）

类型	县（市）	得分	排名
下游区域	黟县	－0.3420	52
	霍邱县	－0.3448	53
	庐江县	－0.3578	54
	凤台县	－0.3753	55
	霍山县	－0.4336	56
	旌德县	－0.4504	57
	明光市	－0.4636	58
	东至县	－0.7460	59
	石台县	－0.7911	60
	青阳县	－0.7935	61

安徽县域经济发展速度竞争力排名（2018届）前十位为：灵璧县、界首市、太和县、南陵县、萧县、临泉县、无为县、涡阳县、芜湖县、蒙城县。2017届的前十位是：和县、长丰县、全椒县、枞阳县、界首市、肥东县、寿县、定远县、当涂县、天长市。与2017届相比，不仅排名情况发生了变化，而且新进入前十名的灵璧县、太和县、南陵县、萧县、临泉县、无为县、涡阳县、芜湖县、蒙城县代替了上年的和县、长丰县、全椒县、枞阳县、肥东县、寿县、定远县、当涂县、天长市。

安徽县域经济发展速度竞争力排名（2018届）前十位的规模：常住人口为1009.8万人，占全省县域总人口的22.4%；地区生产总值为2536.9亿元，占全省县域生产总值的19.49%；人均GDP为32318元，比全省县域人均GDP 36520.4元低4202.4元；GDP发展速度均值为9.24%，比全省县域GDP发展速度均值8.12%高1.22个百分点；财政收入增长率均值为18.14%，比全省县域相应均值12.9%高5.24个百分点；固定资产投资增长率均值为20.79%，比全省县域相应均值14.5%高6.29个百分点；农民人均纯收入增长率均值为9.46%，比全省县域相应均值9.2%高0.26个百分点；实际利用外商直接投资增长率均值为23.03%，比全省县域相应均值51.99%

低 28.96％。

二、发展速度竞争力排名空间分布

从图 2－3 可以看出，安徽省县域经济发展速度竞争力空间分布呈现“皖北地区＞皖中地区＞皖南地区”的梯度变化规律。皖北地区的县域发展速度较快，县域发展速度竞争力排名前十位中有 7 个县市位于皖北地区，其中灵璧县、界首市、太和县、萧县分别位于第 1、2、3、5 位，其余县域排名也大部分处于中上游区域。皖中地区大部分县市县域经济发展速度竞争力排名位于中游区域，其中大别山区的六安市、安庆市周边县域的排名较为靠后。皖南地区县域经济发展速度竞争力存在较大的空间分布差异，其中芜湖市、马鞍山市周边县域南陵县、无为县、芜湖县经济发展速度竞争力进入排行榜前十强，而经济发展速度竞争力排行榜后十位中有 5 个县位于皖南地区，其余县域排名大部分处于中下游区域。

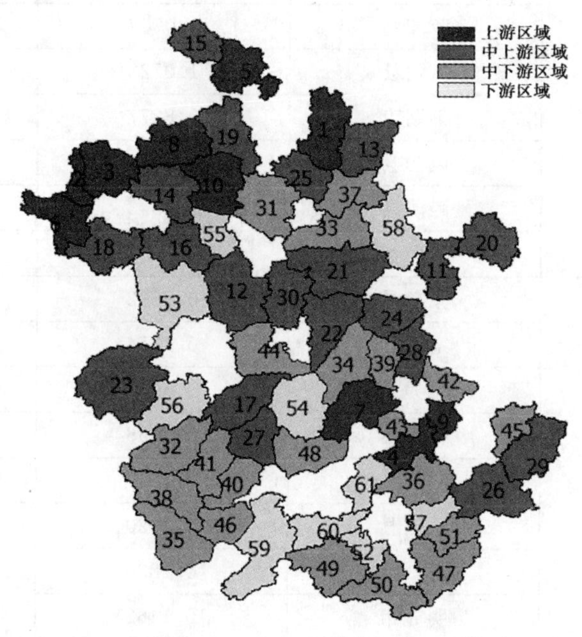

图 2－3　安徽县域经济发展速度竞争力排名空间分布

第四节　基础设施竞争力排名

一、基础设施竞争力排名

县域经济基础设施竞争力主要考查县域基础设施的完善程度，选取的评价指标包括交通、通信等 5 个三级指标。安徽县域基础设施竞争力排名（2018 届）见表 2－4 所列。

表 2－4　安徽县域基础设施竞争力排名（2018 届）

类型	县（市）	最终得分	排名
上游区域	长丰县	1.7973	1
	休宁县	1.3048	2
	萧　县	1.2800	3
	肥东县	1.1284	4
	庐江县	1.0768	5
	凤阳县	1.0722	6
	巢湖市	0.8277	7
	凤台县	0.8029	8
	濉溪县	0.6343	9
	东至县	0.6039	10
中上游区域	颍上县	0.5692	11
	定远县	0.5374	12
	无为县	0.5059	13
	霍邱县	0.4468	14
	泗　县	0.3950	15
	岳西县	0.3620	16
	歙　县	0.1820	17
	明光市	0.1462	18
	怀宁县	0.1313	19
	宁国市	0.1277	20

（续表）

类型	县（市）	最终得分	排名
中上游区域	利辛县	0.1207	21
	怀远县	0.1156	22
	全椒县	0.0934	23
	广德县	0.0619	24
	砀山县	0.0537	25
	灵璧县	0.0459	26
	含山县	0.0148	27
	绩溪县	−0.0092	28
	金寨县	−0.0383	29
	寿　县	−0.0524	30
中下游区域	潜山市	−0.0627	31
	肥西县	−0.0689	32
	五河县	−0.0790	33
	桐城市	−0.1337	34
	涡阳县	−0.1447	35
	南陵县	−0.1464	36
	太和县	−0.1632	37
	天长市	−0.2898	38
	繁昌县	−0.2913	39
	当涂县	−0.2949	40
	青阳县	−0.2992	41
	宿松县	−0.3244	42
	祁门县	−0.3401	43
	蒙城县	−0.3443	44
	和　县	−0.4133	45
	枞阳县	−0.4339	46
	郎溪县	−0.4397	47
	芜湖县	−0.4607	48
	太湖县	−0.4823	49
	舒城县	−0.5037	50
	固镇县	−0.5442	51

（续表）

类型	县（市）	最终得分	排名
下游区域	旌德县	−0.6018	52
	霍山县	−0.6187	53
	来安县	−0.6373	54
	阜南县	−0.6677	55
	泾　县	−0.6810	56
	望江县	−0.7264	57
	界首市	−0.8341	58
	临泉县	−0.8977	59
	黟　县	−1.1939	60
	石台县	−1.2189	61

安徽县域基础设施竞争力排名（2018届）前十位为：长丰县、休宁县、萧县、肥东县、庐江县、凤阳县、巢湖市、凤台县、濉溪县、东至县。2017届的前十位是：芜湖县、萧县、肥东县、肥西县、长丰县、霍邱县、颍上县、砀山县、东至县、凤阳县。与2017届相比，不但排名情况发生了变化，而且新进入前十名的休宁县、庐江县、巢湖市、凤台县、濉溪县代替了上年的芜湖县、肥西县、霍邱县、颍上县、砀山县。

安徽县域基础设施竞争力排名（2018届）前十位的规模：常住人口为758.1万人，占全省县域人口的18.68%；地区生产总值为2926.4亿元，占全省县域地区生产总值的22.48%；人均GDP为39675.42元，比全省县域人均GDP 36520.42元高3155元；GDP发展速度均值为7.82%，比全省县域GDP发展速度均值8.12%低0.3个百分点；财政收入增长率均值为11.35%，比全省县域相应均值12.90%低1.55个百分点；财政支出增长率均值为12.94%，比全省县域相应均值11.96%高0.98个百分点；固定资产投资增长率均值为12.51%，比全省县域相应均值14.51%低2个百分点；农民人均纯收入为14587.3元，比全省县域相应均值13421.3元高1166元；县内高速公路里程数平均为92.85千米，比全省县域相应均值59.95千米高32.9千米；县内国道公路数平均为51.13千米，比全省61个县域相应均值 31.02 千米多出 20.11 千米。由以上数据可以看出，加强基础设施的投入对促进经济增长具有重要意义。

二、基础设施竞争力排名空间分布

从图 2-4 可以看出，安徽省县域基础设施竞争力排名空间分布呈现“北强南弱中部凸起”的规律。基础设施竞争力较好的县域主要分布在大城市周边，此外，地处平原地区的县域基础设施竞争力普遍要强于山区。位于平原地区的皖北有萧县、凤台县、濉溪县等 5 个县域排名进入前十强，且皖北地区其余县域基础设施竞争力大部分处于中游区域。皖中地区县域的基础设施竞争力较强，整个区域没有县域处于下游区域，并且位于合肥都市圈的长丰县、肥东县、庐江县、巢湖市等 5 个县市进入基础设施竞争力排行榜前十强，除大别山区的皖中其余县域竞争力也处于中游区域。而皖中大别山区和皖南地区的基础设施竞争力相对较弱，皖中大别山区基础设施竞争力排名大部分都处于中游区域，皖南地区只有休宁县和东至县 2 个县域的基础设施竞争力排序进入前十强，皖南地区其余县市竞争力排名也大部分位于中下游及下游区域。

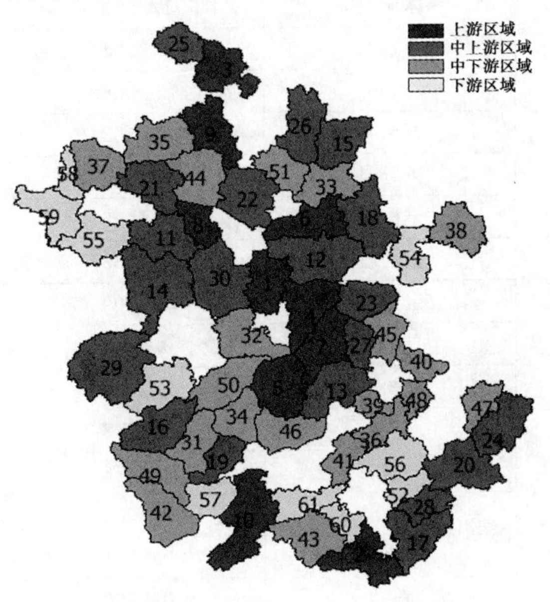

图 2-4　安徽县域基础设施竞争力排名空间分布

第五节 资源禀赋竞争力排名

一、资源禀赋竞争力评价排名

县域资源禀赋竞争力主要考查的县域人口规模、资源规模与城市区位状况，共选取7个三级指标。其中距中心城市距离指标是逆指标，因此在数据标准化时，标准化公式为 $X'_{ij}=\frac{\overline{X_i}-X_{ij}}{s}$，其中 X'_{ij} 表示标准化后数值，$\overline{X_i}$ 表示各指标的原始数值的均值，X_{ij} 表示原始指标值，s 表示各指标原始数值的标准差。安徽县域资源禀赋竞争力排名（2018届）见表2-5所列。

表2-5 安徽县域资源禀赋竞争力排名（2018届）

类型	县（市）	得分	排名
上游区域	祁门县	1.8835	1
	东至县	1.8363	2
	休宁县	1.3990	3
	金寨县	1.3984	4
	歙县	1.08392	5
	石台县	0.9362	6
	霍邱县	0.8598	7
	宁国市	0.6496	8
	岳西县	0.5683	9
	定远县	0.5309	10
中上游区域	泾县	0.5078	11
	宿松县	0.4750	12
	黟县	0.4648	13
	广德县	0.3976	14
	霍山县	0.3064	15
	明光市	0.2751	16
	寿县	0.2700	17
	太湖县	0.1747	18

（续表）

类型	县（市）	得分	排名
中上游区域	青阳县	0.1153	19
	舒城县	0.08318	20
	怀远县	−0.0665	21
	绩溪县	−0.0727	22
	潜山市	−0.0754	23
	肥东县	−0.0849	24
	旌德县	0.0947	25
	全椒县	−0.1010	26
	庐江县	−0.1068	27
	凤阳县	−0.1121	28
	长丰县	−0.1208	29
	灵璧县	−0.1447	30
中下游区域	天长市	−0.1846	31
	泗县	−0.1847	32
	郎溪县	−0.1992	33
	来安县	−0.2011	34
	蒙城县	−0.2226	35
	巢湖市	−0.2237	36
	肥西县	−0.2317	37
	望江县	−0.2472	38
	桐城市	−0.2484	39
	濉溪县	−0.2625	40
	涡阳县	−0.3082	41
	无为县	−0.3259	42
	固镇县	−0.3295	43
	五河县	−0.3331	44
	枞阳县	−0.3410	45
	利辛县	−0.3518	46
	怀宁县	−0.3753	47
	南陵县	−0.4041	48
	萧县	−0.4174	49
	和县	−0.4212	50
	颍上县	−0.4692	51

（续表）

类型	县（市）	得分	排名
下游区域	阜南县	−0.5016	52
	含山县	−0.5555	53
	太和县	−0.5661	54
	临泉县	−0.6627	55
	凤台县	−0.6629	56
	当涂县	−0.6830	57
	芜湖县	−0.7309	58
	砀山县	−0.8033	59
	繁昌县	−0.8547	60
	界首市	−0.9333	61

安徽县域资源禀赋竞争力排名（2018届）前十位为：祁门县、东至县、休宁县、金寨县、歙县、石台县、霍邱县、宁国市、岳西县、定远县。而2017届的前十位是：祁门县、东至县、金寨县、休宁县、歙县、石台县、宁国市、霍邱县、岳西县、泾县。与2017届相比，整体排名变化不大，定远县取代了泾县，泾县2018届排名是第十一名。

安徽县域资源禀赋竞争力排名（2018届）前十位的规模：常住人口为568.06万人，占全省县域人口的11.46%；地区生产总值为1402.71亿元，占全省县域生产总值的10.77%；人均GDP为33952.75元，比全省县域人均GDP 36521.28元低2568.53元；GDP发展速度均值为7.25%，比全省县域GDP发展速度均值8.12%低0.87个百分点；农民人均可支配收入为12303.6元，比全省县域相应均值13421.34元低1117.74元；人均水资源量7044.32立方米，比全省县域相应均值2587.83立方米高4456.49立方米；县域国土面积均值为2622.30平方千米，比全省县域相应均值1827.34平方千米高出794.96平方千米；年末人均实有耕地面积0.1114公顷，比全省县域相应均值0.0905公顷高0.0209公顷；森林蓄积量平均为737.95万立方米，比全省县域相应均值307.03万立方米高430.92万立方米。

由以上数据可以看出，县域资源禀赋竞争力前十强的相关指标中，全省 61 个县域的森林蓄积量存在着很大的差异，最多的森林蓄积量是东至县，为 1060.82 万立方米，最少的是繁昌县，为 46.26 万立方米。森林能够促进林业就业，尤其对林产品加工、林业旅游与林业碳汇交易起着重要的作用。

二、资源禀赋竞争力排名空间分布

从图 2-5 可以看出，安徽县域经济发展资源禀赋竞争力空间分布呈现较强的空间异质性。资源禀赋竞争力排名前十名的上游区域县域主要集中在皖南山区和皖中大别山区，其中在皖南山区分布着祁门县、东至县、休宁县、歙县、石台县、宁国市 6 个资源禀赋竞争力排名前十强的县市，金寨县、霍邱县、岳西县 3 个资源禀赋竞争力排名前十强的县域分布在皖中大别山区六安市、安庆市周边，具有明显的“连片”特征；而仅有怀远县 1 个资源禀赋竞争力排名前十强的县域位于皖北地区。与此形成鲜明对比的是有 6 个资源禀赋竞争力排名下游区域的县市位于皖北区域，并且剩余县域资源禀赋竞争力大部分排在三十名之后。

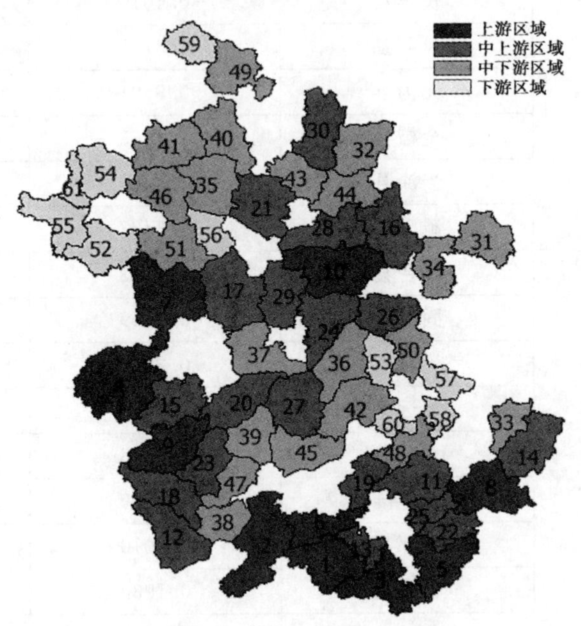

图 2-5　安徽县域资源禀赋竞争力排名空间分布

第六节　产业竞争力排名

一、产业竞争力评价排名

县域产业竞争力主要考查县域产业规模、产业贡献和产业结构状况，选取的评价指标包括产业规模、产业贡献和产业结构等共15个三级指标。安徽县域产业竞争力排名（2018届）见表2-6所列。

表2-6　安徽县域产业竞争力排名（2018届）

类型	县（市）	得分	排名
上游区域	天长市	2.6115	1
	肥西县	0.9653	2
	肥东县	0.7769	3
	来安县	0.5949	4
	长丰县	0.4010	5
	凤阳县	0.3735	6
	无为县	0.3691	7
	全椒县	0.3663	8
	当涂县	0.3574	9
	濉溪县	0.3497	10
中上游区域	凤台县	0.3373	11
	固镇县	0.3059	12
	界首市	0.2972	13
	定远县	0.2940	14
	太和县	0.2688	15
	怀远县	0.2520	16
	霍邱县	0.2010	17
	临泉县	0.1930	18
	蒙城县	0.1923	19
	宁国市	0.1809	20

（续表）

类型	县（市）	得分	排名
中上游区域	芜湖县	0.1154	21
	巢湖市	0.0754	22
	繁昌县	0.0554	23
	桐城市	0.0495	24
	庐江县	0.0398	25
	广德县	0.0395	26
	阜南县	−0.0215	27
	明光市	−0.0300	28
	寿县	−0.0455	29
	宿松县	−0.0680	30
中下游区域	岳西县	−0.0743	31
	南陵县	−0.0776	32
	旌德县	−0.0891	33
	含山县	−0.0986	34
	和县	−0.1019	35
	潜山市	−0.1133	36
	颍上县	−0.1351	37
	枞阳县	−0.1473	38
	萧县	−0.1850	39
	利辛县	−0.2180	40
	霍山县	−0.2271	41
	五河县	−0.2291	42
	郎溪县	−0.2336	43
	砀山县	−0.2398	44
	太湖县	−0.2501	45
	舒城县	−0.2630	46
	东至县	−0.2909	47
	怀宁县	−0.3453	48
	青阳县	−0.3470	49
	泾县	−0.3490	50
	灵璧县	−0.3511	51

（续表）

类型	县（市）	得分	排名
下游区域	泗县	−0.3835	52
	休宁县	−0.3969	53
	歙县	−0.4077	54
	金寨县	−0.4674	55
	石台县	−0.5108	56
	黟县	−0.6173	57
	绩溪县	−0.6723	58
	涡阳县	−0.6726	59
	祁门县	−0.6917	60
	望江县	−0.7122	61

安徽县域产业竞争力排名（2018 届）前十位为：天长市、肥西县、肥东县、来安县、长丰县、凤阳县、无为县、全椒县、当涂县、濉溪县。2017 届的前十位是：肥东县、肥西县、长丰县、怀远县、固镇县、界首市、当涂县、太和县、五河县、繁昌县。与 2017 届相比，排名发生了很大的波动，天长市、来安县、凤阳县、无为县、全椒县、濉溪县代替了怀远县、固镇县、界首市、太和县、五河县、繁昌县。

安徽县域产业竞争力排名（2018 届）前十位县域的规模：常住人口为 783.72 万人，占全省县域总人口的 15.81%；地区生产总值为 3635.72 亿元，占全省县域生产总值的 27.93%；人均 GDP 为 47436.25 元，比全省县域人均 GDP 31756.61 元高 15679.64 元；GDP 发展速度均值为 8.56%，比全省县域 GDP 发展速度均值 8.12% 高 0.44 个百分点；农民人均纯收入为 15808.8 元，比全省县域相应均值 13421.34 元高 2387.46 元；第一产业占 GDP 的比重为 12.53%，比全省县域相应均值 16.57% 低 4.04 个百分点；第二产业占 GDP 的比重为 55.09%，比全省县域相应均值 47.41% 高 7.68 个百分点；第三产业占 GDP 的比重为 31.72%，比全省县域相应均值 36.01% 低 4.29 个百分点；第一产业发展速度的均值为 1.62%，比全省县域 GDP 发展速度均值 1.87% 低 0.25 个百分点；第二产业发展速度的均值为 16.53%，比全省县域 GDP 发展速度均值 14.49% 高 2.04 个百分点；

第三产业发展速度的均值为14.06%，比全省县域GDP发展速度均值12.84%低1.22个百分点；各县全部工业增加值均值为313.65亿元，比全省县域工业增加值均值114.64亿元高199.01亿元。由以上数据可以看出，县域产业竞争力前十位的三次产业比重的平均值为12.64∶55.09∶32.27，第二产业的比重比全省高7.68个百分点，但是第三产业的比重比全省低4.3个百分点。虽然产业结构有所优化，但三次产业结构的偏差仍然存在，第二产业的比重仍然过高，安徽省仍然处于“二三一”产业发展模式，产业结构有待优化升级。

二、产业竞争力排名空间分布

从图2-6可以看出，安徽省县域经济发展产业竞争力空间分布呈现“北高南低”的片状分布规律。产业竞争力排名前十名的上游区域县域主要集中在皖中地区和皖北地区，主要有天长市、肥西县、肥东县、来安县、长丰县、全椒县、凤阳县、濉溪县7个县域，并且其余大部分县域也都处在中上游区域；而与此形成鲜明对比的是皖南地区县域产业竞争力排名都比较靠后，其中县域产业竞争力排名处于下游

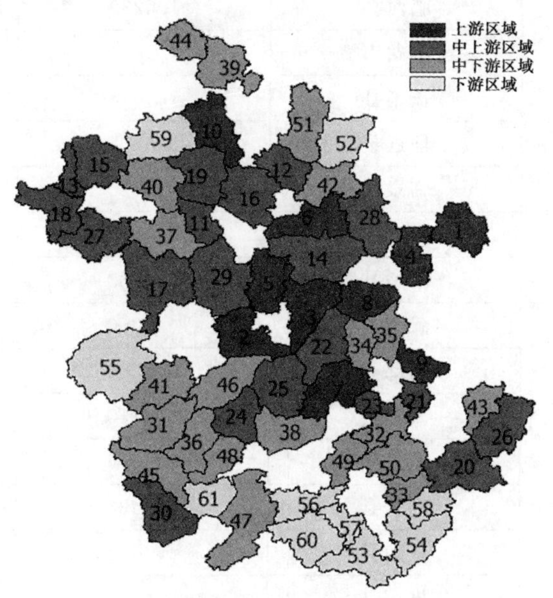

图2-6 安徽县域产业竞争力排名空间分布

地区的十个县市中就有8个位于皖南区域，并且该区域其余县域产业竞争力排名大部分都位于中下游区域。

第七节 人才优势竞争力排名

一、人才优势竞争力评价排名

县域人才优势竞争力主要考查县域人才培养、科技成果与专利等方面情况，评价指标共包括7个三级指标。安徽县域人才优势竞争力排名（2018届）见表2-7所列。

表2-7 安徽县域人才优势竞争力排名（2018届）

类型	县（市）	得分	排名
上游区域	庐江县	2.7122	1
	肥东县	2.4432	2
	无为县	2.0501	3
	肥西县	1.6239	4
	巢湖市	1.5894	5
	长丰县	1.4318	6
	怀远县	0.6804	7
	临泉县	0.5020	8
	寿县	0.4878	9
	南陵县	0.4183	10
中上游区域	濉溪县	0.2360	11
	霍邱县	0.2296	12
	太和县	0.2110	13
	颍上县	0.1936	14
	利辛县	0.1433	15
	阜南县	0.1405	16
	枞阳县	0.0944	17

（续表）

类型	县（市）	得分	排名
中上游区域	和县	0.0859	18
	定远县	0.0365	19
	涡阳县	0.0246	20
	当涂县	－0.0285	21
	宿松县	－0.0377	22
	蒙城县	－0.0717	23
	凤阳县	－0.0718	24
	萧县	－0.0724	25
	天长市	－0.1046	26
	灵璧县	－0.1338	27
	芜湖县	－0.1381	28
	含山县	－0.1521	29
	舒城县	－0.1602	30
中下游区域	凤台县	－0.1663	31
	桐城市	－0.1704	32
	繁昌县	－0.2473	33
	五河县	－0.2629	34
	明光市	－0.2851	35
	东至县	－0.2887	36
	怀宁县	－0.3028	37
	砀山县	－0.3056	38
	广德县	－0.3156	39
	固镇县	－0.3231	40
	望江县	－0.3634	41
	金寨县	－0.3640	42
	潜山市	－0.3794	43
	太湖县	－0.3802	44
	泗县	－0.3817	45
	宁国市	－0.3822	46
	全椒县	－0.4517	47
	界首市	－0.4548	48
	来安县	－0.4638	49
	歙县	－0.4772	50
	郎溪县	－0.4840	51

（续表）

类型	县（市）	得分	排名
下游区域	岳西县	－0.5040	52
	泾县	－0.5265	53
	霍山县	－0.6501	54
	青阳县	－0.6514	55
	旌德县	－0.7088	56
	休宁县	－0.7216	57
	祁门县	－0.8051	58
	石台县	－0.8276	59
	绩溪县	－0.8475	60
	黟县	－0.8708	61

安徽县域人才优势竞争力排名（2018届）前十位为：庐江县、肥东县、无为县、肥西县、巢湖市、长丰县、怀远县、临泉县、寿县、南陵县。2017届的前十位为：庐江县、无为县、肥东县、巢湖市、长丰县、肥西县、怀远县、临泉县、太和县、霍邱县。与上年相比波动比较小，今年进入前十名的寿县与南陵县代替了去年的太和县与霍邱县。

安徽县域人才优势竞争力排名（2018届）前十位的规模：常住总人口为1150.96万人，占全省县域总人口的23.21%；地区生产总值为3642.73亿元，占全省县域生产总值的27.98%；人均GDP为37801.87元，比全省县域人均GDP 31756.61元高6045.26元；GDP发展速度均值为8.28%，比全省县域GDP发展速度均值8.12%高0.16个百分点；农民人均纯收入为16356.3元，比全省县域相应均值13421.34元高2934.96元；专利申请量均值为5898.27件，比全省县域相应均值1923.33件多3974.93件；高中阶段在校人数均值为19633.94人，比全省县域相应均值12403.94人多7230人；专利授权量均值为1983.71件，比全省县域相应均值632.50件多1351.21件；而人均科教文卫事业财政支出为2545.10元，比全省县域相应均值2246.93元多298.17元；职工人数均值为143551.99人，比全省县域相应均值57028.49人多86523.50人。由以上数据可以看出，县域人才优势竞争力前10位的专利申请量、专利授权量、高中阶段在校人数都比全省平均水平高，说明这些地区人才优势明显，但经济水平低于全省县域的水平，人力资源有待进一步开发利用。

二、人才优势竞争力排名空间分布

从图2-7中可以看出安徽县域人才优势竞争力排名空间分布呈现“北强南弱中间突起”的片状分布规律。人才优势竞争力前十名主要集中在皖中地区与皖北地区，皖中地区以合肥为中心，周边各县域的人才优势竞争力都较强，其中庐江县、肥东县、肥西县、巢湖市、长丰县、南陵县县域人才优势排在前十名的上游区域，但皖中地区大别山区各县域的人才优势竞争力相对较弱，排名大部分位于三十名之后；皖北地区前十名县域虽然只有怀远、临泉、寿县3个县域，但皖北地区大部分县域的人才优势竞争力位于中上游。与此形成明显对比的是皖南地区的各县域人才优势竞争力非常弱，全省排名下游区域的县域中有8个位于皖南地区，并且剩下皖南地区县域的人才优势竞争力排名也比较靠后。

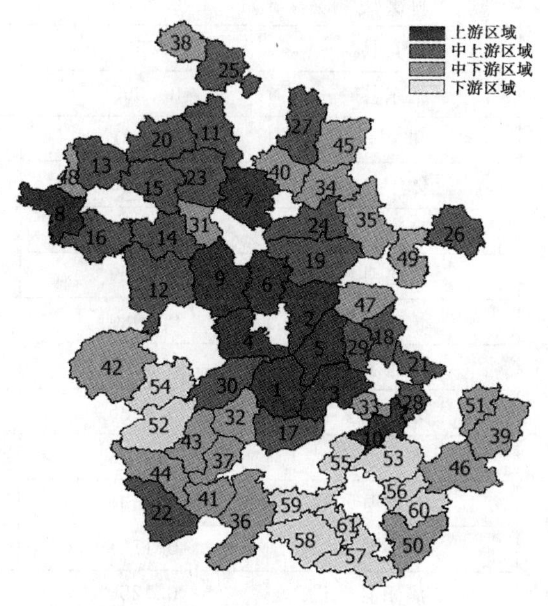

图2-7　安徽县域人才优势竞争力排名空间分布

第八节 发展活力竞争力排名

一、发展活力竞争力评价排名

县域经济发展活力主要考察县域经济中民营经济、新型产业与利用省内外资金等方面情况，评价指标包括居民储蓄存款余额、进出口总额和实际利用外资等7个三级指标。安徽县域经济发展活力竞争力排名（2018届）见表2-8所列。

表2-8 安徽县域经济发展活力竞争力排名（2018届）

类型	县（市）	得分	排名
上游区域	肥西县	2.1567	1
	天长市	1.2873	2
	广德县	0.9760	3
	芜湖县	0.9091	4
	宁国市	0.8986	5
	濉溪县	0.6588	6
	来安县	0.6538	7
	肥东县	0.5095	8
	和　县	0.5021	9
	休宁县	0.4950	10
上中游区域	巢湖市	0.4857	11
	繁昌县	0.4659	12
	长丰县	0.4080	13
	怀远县	0.3531	14
	无为县	0.3096	15
	南陵县	0.2966	16
	当涂县	0.2631	17
	固镇县	0.1721	18
	涡阳县	0.1250	19
	含山县	0.1070	20

（续表）

类型	县（市）	得分	排名
上中游区域	蒙城县	0.0495	21
	砀山县	0.0091	22
	郎溪县	−0.0078	23
	青阳县	−0.0182	24
	太和县	−0.0197	25
	利辛县	−0.0238	26
	舒城县	−0.0319	27
	全椒县	−0.1111	28
	泗县	−0.1146	29
	庐江县	−0.1285	30
下中游区域	五河县	−0.1485	31
	明光市	−0.1661	32
	歙县	−0.1887	33
	金寨县	−0.2000	34
	阜南县	−0.2326	35
	萧县	−0.2387	36
	桐城市	−0.2549	37
	霍山县	−0.2679	38
	寿县	−0.3185	39
	灵璧县	−0.3198	40
	颍上县	−0.3429	41
	泾县	−0.3493	42
	东至县	−0.3514	43
	定远县	−0.3537	44
	凤台县	−0.3704	45
	临泉县	−0.3920	46
	界首市	−0.3931	47
	太湖县	−0.40175	48
	枞阳县	−0.4155	49
	绩溪县	−0.4196	50
	岳西县	−0.4208	51

（续表）

类型	县（市）	得分	排名
下游区域	凤阳县	－0.4514	52
	潜山市	－0.4541	53
	怀宁县	－0.4557	54
	霍邱县	－0.4989	55
	黟　县	－0.5155	56
	宿松县	－0.5156	57
	望江县	－0.5176	58
	祁门县	－0.5224	59
	旌德县	－0.5587	60
	石台县	－0.5999	61

安徽县域经济发展活力竞争力排名（2018届）前十位为：肥西县、天长市、广德县、芜湖县、宁国市、濉溪县、来安县、肥东县、和县、休宁县。2017届前十位是：肥西县、天长市、和县、巢湖市、宁国市、长丰县、濉溪县、肥东县、太和县、广德县。与上年相比排名发生了一定的变换，新进入前十名的芜湖县、来安县、休宁县代替了巢湖市、长丰县、太和县。

安徽县域经济发展活力竞争力排名（2018届）前十位的规模：总人口为568万人，占全省县域总人口的14%；地区财政收入为404.1亿元，占全省县域财政收入的27.35%；人均GDP为55134.3元，比全省县域人均GDP 36520.4元高18613.9元，GDP发展速度均值为8.72%，比全省县域GDP发展速度均值高0.6个百分点；农民人均纯收入为16371.3元，比全省县域相应均值13421.3元高2950元；进出口总额增长率均值为15.98%，比全省县域相应均值32.5%低16.52个百分点；出口总额增长率均值为12.97%，比全省县域相应均值132.9%低119.93个百分点；人均居民储蓄存款为34222.51元，比全省县域相应均值37937.96元低3715.45元；居民储蓄存款余额均值为185.78亿元；比全省县域相应均值198.98亿元低13.2亿元。由以上数据可看出，县域经济发展活力竞争力前十位的人均GDP、农民人均纯收入相应增长速度比全省平均水平高。

二、经济发展活力竞争力排名空间分布

从图 2-8 可以看出，安徽县域经济发展活力竞争力排名空间分布呈现“中间强、南北弱”的片状分布规律。依托皖江城市群县域经济发展活力竞争力较强，其中肥西县、和县和肥东县排名位于前十名，皖中地区其余大部分县域排在三十名之内。而皖北地区只有濉溪县排名为第 6 名，皖南地区位于黄山市周边的广德县、芜湖县、宁国市排名为第 3 名、第 4 名、第 5 名，处于上游区域，其余县域排名比较靠后，其中排名后十名的县域都位于这两个区域。

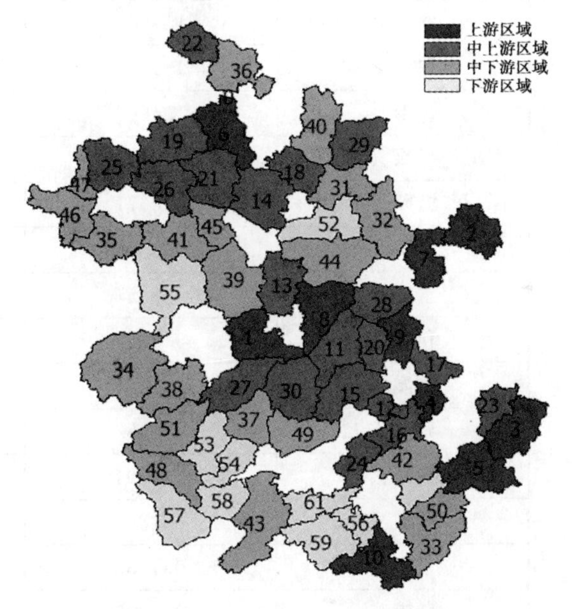

图 2-8　安徽县域经济发展活力竞争力排名空间分布

第九节　环境保护能力竞争力排名

一、环境保护能力竞争力评价排名

县域环境保护能力竞争力主要考查县域社会经济发展中 GDP 能

耗、污染排放与处理、环境容量等方面情况，评价指标共包括10个三级指标。其中万元GDP能耗、万元GDP废水排放量、万元GDP固体废物产生量、可吸入颗粒物是逆指标，因此在数据标准化时，标准化公式为 $X'_{ij}=\dfrac{\overline{X_i}-X_{ij}}{s}$，其中 X'_{ij} 表示标准化后数值，$\overline{X_i}$ 表示各指标的原始数值的均值，X_{ij} 表示原始指标值，s 表示各指标原始数值的标准差。安徽县域环境保护能力竞争力排名（2018届）见表2-9所列。

表2-9　安徽县域环境保护能力竞争力排名（2018届）

类型	县（市）	最终得分	排名
上游区域	凤台县	1.4571	1
	寿　县	1.4540	2
	和　县	1.1601	3
	含山县	1.1260	4
	当涂县	1.1203	5
	枞阳县	1.0671	6
	涡阳县	0.8863	7
	蒙城县	0.8857	8
	利辛县	0.8825	9
	濉溪县	0.7915	10
中上游区域	界首市	0.2082	11
	临泉县	0.1904	12
	颍上县	0.1897	13
	太和县	0.1833	14
	阜南县	0.1800	15
	怀远县	0.0022	16
	天长市	−0.0203	17
	岳西县	−0.0237	18
	宿松县	−0.0241	19
	明光市	−0.0473	20
	定远县	−0.0492	21
	太湖县	−0.0508	22

（续表）

类型	县（市）	最终得分	排名
中上游区域	五河县	—0.0713	23
	无为县	—0.0746	24
	潜山市	—0.0762	25
	固镇县	—0.0774	26
	凤阳县	—0.0811	27
	桐城市	—0.0847	28
	全椒县	—0.0927	29
	来安县	—0.0954	30
中下游区域	望江县	—0.1012	31
	怀宁县	—0.1065	32
	庐江县	—0.1112	33
	肥东县	—0.1300	34
	南陵县	—0.1526	35
	肥西县	—0.1664	36
	长丰县	—0.1835	37
	灵璧县	—0.2057	38
	萧　县	—0.2116	39
	芜湖县	—0.2140	40
	泗　县	—0.2150	41
	繁昌县	—0.2219	42
	砀山县	—0.2357	43
	宁国市	—0.2901	44
	巢湖市	—0.2901	45
	东至县	—0.3096	46
	广德县	—0.3249	47
	泾　县	—0.3279	48
	石台县	—0.3456	49
	青阳县	—0.3499	50
	绩溪县	—0.3538	51

（续表）

类型	县（市）	最终得分	排名
下游区域	郎溪县	−0.3543	52
	旌德县	−0.3599	53
	金寨县	−0.4395	54
	霍邱县	−0.4517	55
	舒城县	−0.4760	56
	霍山县	−0.4772	57
	祁门县	−0.8313	58
	歙　县	−0.8366	59
	休宁县	−0.8439	60
	黟　县	−0.9980	61

安徽省县域环境保护竞争力排名（2018届）前十位为：凤台县、寿县、和县、含山县、当涂县、枞阳县、涡阳县、蒙城县、利辛县、濉溪县。2017届前十位排名是：和县、含山县、当涂县、寿县、濉溪县、凤台县、枞阳县、怀远县、蒙城县、涡阳县。与上一年比较，排名变动不大，新进入的利辛县代替了上一年的怀远县。

安徽省县域环境保护能力竞争力排名（2018届）前十位的规模：总人口为857.1万人，占全省县域总人口的21.12%；地区生产总值为2399.6亿元，占全省县域生产总值的19.43%；人均GDP为32690.7元，比全省县域人均GDP 36520元低3829.3元；GDP发展速度均值为8.46%，比全省县域GDP发展速度均值8.12%高0.34个百分点；农民人均纯收入为13559.8元，比全省县域相应均值13421元高138.8元；万元GDP废气排放量35364立方米，比全省县域相应均值11352.52立方米高24011.48立方米；工业废水处理率均值为83.58%，比全省县域相应均值90.20%低6.62个百分点；森林覆盖率均值为23.32%，比全省县域相应均值36.51%低13.19个百分点；万元GDP能耗均值为0.7503吨标准煤，比全省县域均值0.5253吨标准煤高0.225吨标准煤。观察并比较数据和竞争力排名发现，环境保护能力较强的县域，经济发展水平相对落后，而综合竞争力强的县域环境保护能力较低。

二、环境保护能力竞争力排名空间分布

从图 2－9 可以看出，安徽县域环境保护能力竞争力排名空间分布呈现“北强南弱”的片状分布规律。环境保护能力竞争力的优势县域主要集中在整个皖北地区和皖江沿线区域。其中，皖北地区有寿县、濉溪县、凤台县、利辛县、蒙城县、涡阳县等 6 个县域的环境保护能力竞争力排名进入全省前十强，且皖北地区其余县市竞争力排名也都排在前三十位；皖中地区安庆市周边县市的环境保护能力竞争力排名比较靠前，但皖中地区其余县市的排名比较靠后，都位于中下游和下游区域。皖南地区除了和县、含山县、当涂县排名进入前十强外，其余各县市的环境保护能力竞争力较弱，大部分县市的竞争力排名位于较靠后的中下游和下游区域。

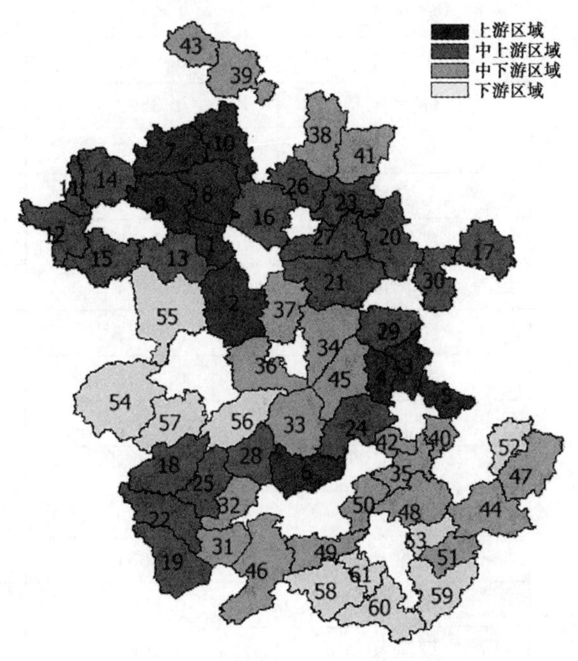

图 2－9　安徽县域环境保护能力竞争力排名空间分布

第十节　政府能动性竞争力排名

一、政府能动性竞争力评价排名

县域政府能动性竞争力主要考查县域政府在地区招商引资、政府机构完整性、公共基础事业投入等方面情况，评价指标共包括5个三级指标。安徽县域政府能动性竞争力排名（2018届）见表2－10所列。

表2－10　安徽县域政府能动性竞争力排名（2018届）

类型	县（市）	综合得分	排名
上游区域	宁国市	1.3115	1
	肥东县	1.2363	2
	南陵县	1.2301	3
	芜湖县	1.0419	4
	无为县	0.9985	5
	怀远县	0.8893	6
	和　县	0.7969	7
	来安县	0.7605	8
	广德县	0.7458	9
	天长市	0.6794	10
中上游区域	泾　县	0.6779	11
	郎溪县	0.6233	12
	利辛县	0.4853	13
	繁昌县	0.3064	14
	凤阳县	0.2693	15
	当涂县	0.2681	16
	岳西县	0.2666	17
	绩溪县	0.2001	18
	砀山县	0.1494	19

（续表）

类型	县（市）	综合得分	排名
中上游区域	全椒县	0.1344	20
	明光市	0.1079	21
	石台县	0.1051	22
	宿松县	0.0809	23
	长丰县	0.0725	24
	含山县	0.0647	25
	蒙城县	0.0515	26
	肥西县	0.0301	27
	巢湖市	0.0271	28
	旌德县	−0.0058	29
	庐江县	−0.0519	30
中下游区域	歙　县	−0.0527	31
	黟　县	−0.0870	32
	寿　县	−0.0925	33
	潜山市	−0.0964	34
	桐城市	−0.1066	35
	祁门县	−0.1076	36
	固镇县	−0.1303	37
	望江县	−0.1324	38
	灵璧县	−0.1924	39
	泗　县	−0.2532	40
	涡阳县	−0.2544	41
	临泉县	−0.2565	42
	濉溪县	−0.2979	43
	颍上县	−0.3074	44
	休宁县	−0.3277	45
	太湖县	−0.3637	46
	萧　县	−0.3726	47
	阜南县	−0.3764	48
	霍山县	−0.4032	49
	凤台县	−0.4180	50
	东至县	−0.4187	51

（续表）

类型	县（市）	综合得分	排名
下游区域	金寨县	−0.4302	52
	定远县	−0.4766	53
	五河县	−0.5188	54
	界首市	−0.6581	55
	怀宁县	−0.7241	56
	枞阳县	−0.7336	57
	舒城县	−0.8008	58
	青阳县	−0.8557	59
	太和县	−1.2127	60
	霍邱县	−2.0951	61

安徽县域政府能动性竞争力排名（2018届）前十名为：宁国市、肥东县、南陵县、芜湖县、无为县、怀远县、和县、来安县、广德县和天长市。而2017届前十位为：寿县、天长市、太和县、怀远县、长丰县、太湖县、无为县、颍上县、凤台县和界首市。与上一年相比，排名变化幅度较大，新进入政府能动性排名前十的宁国市、肥东县、南陵县、芜湖县、和县、来安县、广德县代替了寿县、太和县、长丰县、太湖县、颍上县、凤台县、界首市。

安徽县域政府能动性竞争力排名（2018届）前十位的规模：常住人口为606.60万人，占全县域总常住人口的14.95%；地区GDP为2991.39亿元，占全省县域生产总值的22.98%；人均GDP为52397.38元，比全省县域人均GDP 36520.42元高15876.96元；GDP发展速度为8.76%，比全省县域GDP发展速度均值8.12%高0.64个百分点；实际利用外资总额为227418万美元，约占全省县域实际利用外资总额的37.37%；科教文卫事业费财政支出为198.24亿元，约占全省县域科教文卫事业费财政支出的20.17%；人均科教文卫事业费财政支出为3265.16元，比全省县域相应均值2624.74元高640.42元；科教文卫事业费财政支出增长率均值为25.22%，是全省县域相应均值的 1.92 倍。

二、政府能动性竞争力排名空间分布

从图 2-10 可以看出，安徽县域政府能动性竞争力较强的县域主要集中在合肥都市圈和南京都市圈两大区域，皖中地区合肥市周边分布着肥东县、天长市、来安县等 3 个政府能动性竞争力排名十强县，皖南地区有芜湖县、南陵县、无为县、宁国市、广德县、和县等 6 个县域位于政府能动性排名前十位，而皖北地区只有怀远县政府能动性排名位于前十强。此外，政府能动性竞争力排名后十位的下游区域中皖中地区占有 5 个县市，皖北地区占有 3 个县市，皖南地区只占有 2 个县市。整体上来看，皖中、皖南地区政府能动性水平明显强于皖北地区。

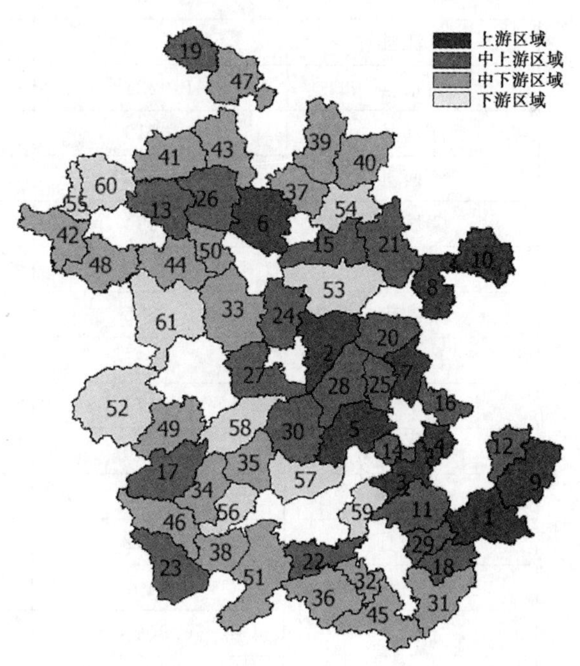

图 2-10 安徽县域政府能动性竞争力排名空间分布

第十一节 社会发展水平竞争力排名

一、社会发展水平竞争力评价排名

县域社会发展水平竞争力主要考查县域社会发展中的关键指标，如居民收入和储蓄、社会保障、社会治安、医疗卫生、教育、市场等方面情况，评价指标共包括8个三级指标。安徽县域社会发展水平竞争力排名（2018届）见表2-11所列。

表2-11 安徽县域社会发展水平竞争力排名（2018届）

类型	县（市）	综合得分	排名
上游区域	肥东县	1.4535	1
	利辛县	1.2233	2
	庐江县	1.0556	3
	临泉县	1.0228	4
	怀远县	1.0219	5
	肥西县	0.8930	6
	蒙城县	0.8594	7
	涡阳县	0.8568	8
	巢湖市	0.7355	9
	长丰县	0.7275	10
中上游区域	颍上县	0.7174	11
	阜南县	0.7030	12
	无为县	0.6556	13
	太和县	0.4912	14
	寿　县	0.3400	15
	宁国市	0.3095	16
	广德县	0.2466	17
	萧　县	0.1449	18

（续表）

类型	县（市）	综合得分	排名
中上游区域	灵璧县	0.1430	19
	界首市	0.1061	20
	砀山县	0.0738	21
	和　县	0.0713	22
	固镇县	0.0495	23
	南陵县	0.0026	24
	泾　县	−0.0090	25
	郎溪县	−0.0283	26
	宿松县	−0.0364	27
	五河县	−0.0578	28
	桐城市	−0.0888	29
	望江县	−0.0955	30
中下游区域	泗　县	−0.1107	31
	芜湖县	−0.1654	32
	濉溪县	−0.1964	33
	天长市	−0.1992	34
	岳西县	−0.2138	35
	当涂县	−0.2139	36
	潜山市	−0.2312	37
	凤台县	−0.2454	38
	太湖县	−0.2905	39
	凤阳县	−0.3020	40
	含山县	−0.3145	41
	繁昌县	−0.3323	42
	来安县	−0.3531	43
	怀宁县	−0.3560	44
	东至县	−0.3573	45
	绩溪县	−0.3755	46
	旌德县	−0.4165	47
	定远县	−0.4515	48
	舒城县	−0.4554	49
	明光市	−0.5131	50
	金寨县	−0.5151	51

（续表）

类型	县（市）	综合得分	排名
下游区域	歙　县	−0.5340	52
	石台县	−0.6137	53
	枞阳县	−0.6140	54
	全椒县	−0.6343	55
	霍邱县	−0.6391	56
	青阳县	−0.6544	57
	霍山县	−0.7510	58
	休宁县	−0.7945	59
	祁门县	−0.8245	60
	黟　县	−0.9197	61

安徽县域社会发展水平竞争力排名（2018 届）前十位为：肥东县、利辛县、庐江县、临泉县、怀远县、肥西县、蒙城县、涡阳县、巢湖市和长丰县。2017 届前十位为：宁国市、临泉县、寿县、太和县、利辛县、阜南县、萧县、颍上县、涡阳县和怀远县。与 2017 届相比，排名变化较大，肥东县、庐江县、肥西县、蒙城县、巢湖市和长丰县代替了上年的宁国市、寿县、太和县、阜南县、萧县和颍上县。

安徽县域社会发展水平竞争力排名（2018 届）前十位的规模：常住人口为 1040.3 万人，占全省县域总常住人口的 25.64%；地区生产总值为 3592.81 亿元，占全省县域生产总值的 27.6%；人均 GDP 为 39809.54 元，比全省县域人均 GDP 36520.42 元高 3289.12 元；GDP 发展均速为 8.39%，比全省县域 GDP 发展速度均值 8.12%高 0.27 个百分点。科教文卫事业费财政支出总值为 249.19 亿元，占全省县域科教文卫事业费财政支出的 25.36%；人均科教文卫事业费财政支出为 2488.12 元，比全省县域相应均值 2624.74 元低 136.62 元；科教文卫事业费财政支出增长率均值为 22.3%，比全省县域相应均值 13.1%高 9.2 个百分点。新增就业率均值为 22.41%，比全省县域相应均值高

7.95%；实际利用外资 127937 万美元，约占全省县域实际利用外资的 21.02%。

二、社会发展水平竞争力排名空间分布

从图 2－11 可以看出，安徽县域社会发展水平竞争力排名空间分布呈现出“北强南弱中部凸起”的片状分布特征。皖北地区沿淮城市带有怀远县、临泉县、涡阳县、蒙城县和利辛县 5 个县域的社会发展水平竞争力进入全省前十强；皖中地区合肥市周边县域巢湖市、长丰县、肥东县、肥西县、庐江县等 5 个县市的社会发展水平竞争力进入全省前十强，呈现“中间凸起”的特征；皖南地区县域的社会发展水平竞争力相对较弱，在社会发展水平竞争力排名下游区域 10 个县域中，有 7 个县市位于皖南地区。

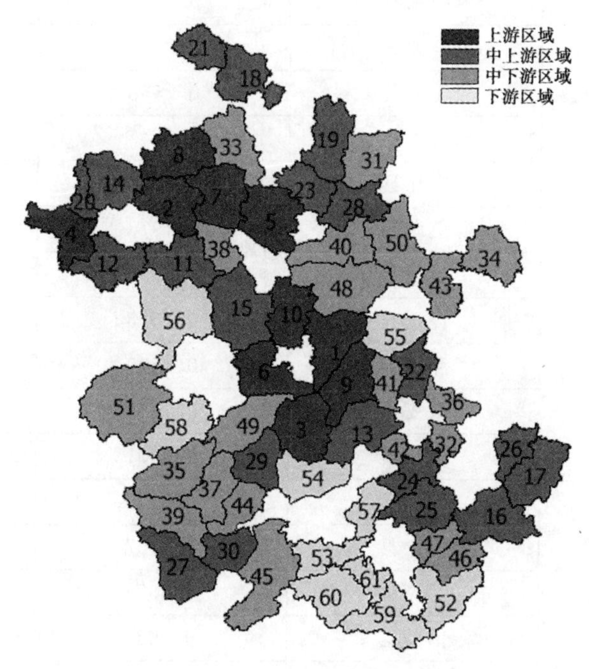

图 2－11　安徽县域社会发展水平竞争力排名空间分布

第十二节　投资环境优势竞争力排名

一、投资环境优势竞争力评价排名

县域投资环境优势竞争力主要考查县域投资环境相关的关键指标，如经济社会发展水平、政府能动性、环保能力、资源环境等评价指标共包括 8 个二级指标、63 个三级指标。安徽县域投资环境优势竞争力排名（2018 届）见表 2－12 所列。

表 2－12　安徽县域投资环境优势竞争力排名（2018 届）

类型	县（市）	综合得分	排名
上游区域	肥西县	0.4084	1
	肥东县	0.4059	2
	全椒县	0.2804	3
	无为县	0.2568	4
	长丰县	0.2545	5
	庐江县	0.2029	6
	巢湖市	0.1973	7
	天长市	0.1695	8
	怀远县	0.1655	9
	濉溪县	0.1530	10
中上游区域	来安县	0.1137	11
	休宁县	0.0901	12
	和　县	0.0876	13
	当涂县	0.0767	14
	芜湖县	0.0678	15
	南陵县	0.0622	16
	凤阳县	0.0540	17
	广德县	0.0530	18
	郎溪县	0.0523	19

（续表）

类型	县（市）	综合得分	排名
中上游区域	宁国市	0.0497	20
	明光市	0.0472	21
	凤台县	0.0446	22
	寿　县	0.0440	23
	蒙城县	0.0219	24
	利辛县	0.0166	25
	含山县	0.0114	26
	岳西县	0.0061	27
	繁昌县	−0.0092	28
	萧　县	−0.0174	29
	绩溪县	−0.0326	30
中下游区域	歙　县	−0.0364	31
	颍上县	−0.0399	32
	定远县	−0.0453	33
	金寨县	−0.0487	34
	东至县	−0.0496	35
	固镇县	−0.0562	36
	涡阳县	−0.0563	37
	太和县	−0.0578	38
	阜南县	−0.0679	39
	枞阳县	−0.0813	40
	宿松县	−0.0814	41
	石台县	−0.0817	42
	砀山县	−0.0866	43
	霍邱县	−0.0907	44
	泗　县	−0.0930	45
	灵璧县	−0.1003	46
	五河县	−0.1123	47
	祁门县	−0.1233	48
	舒城县	−0.1250	49
	青阳县	−0.1252	50
	太湖县	−0.1319	51

（续表）

类型	县（市）	综合得分	排名
下游区域	泾　县	－0.1325	52
	望江县	－0.1382	53
	界首市	－0.1399	54
	潜山市	－0.1434	55
	旌德县	－0.1489	56
	霍山县	－0.1531	57
	桐城市	－0.1673	58
	怀宁县	－0.1712	59
	临泉县	－0.1722	60
	黟　县	－0.2701	61

安徽县域投资环境优势竞争力排名（2018届）前十位为：肥西县、肥东县、全椒县、无为县、长丰县、庐江县、巢湖市、天长市、怀远县和濉溪县。2017届的前十位为：肥西县、肥东县、长丰县、天长市、太和县、庐江县、寿县、濉溪县、怀远县和宁国市。与2017届相比，2018届排名变化较小。新进入前十名的全椒县、无为县、巢湖市代替了太和县、寿县和宁国市。

安徽县域投资环境优势竞争力排名（2018届）前十位的规模：总人口为820.9万人，占全省县域总人口的20.23%；GDP为3858.39亿元，占全省县域生产总值的29.64%；人均GDP为48659.47元，比全省县域人均GDP 36520.42元高12139.05元；GDP发展速度均值为8.38%，比全省县域GDP发展速度均值8.12%高0.26个百分点；科教文卫事业费财政支出为229.40亿元，占全省县域科教文卫事业费财政支出总额的23.34%；实际利用外资总额为161787万美元，占全省县域实际利用外资总额的26.58%；专利授权量均值为1846件，比全省县域相应均值633件多1213件；进出口总额增长率的平均值为16.72%，比全省县域相应均值32.68%低15.96个百分点；而城市化率平均值为30.4%，比全省县域相应均值28.3%高2.1个百分点。

二、投资环境优势竞争力排名空间分布

从图 2-12 可以看出，安徽县域投资环境优势竞争力排名空间分布呈现“北强南弱中间凸起”的特征。皖北地区有怀远县、濉溪县等2个县域投资环境竞争力进入全省前十强；皖中地区合肥经济圈分布着肥西县、肥东县、全椒县、长丰县、庐江县、巢湖市、天长市等7个投资环境竞争力十强县市，呈现“中间凸起”的特征；而皖南地区只有无为县进入全省投资环境竞争力前十强。排名后十位的县域主要分布于皖中地区的大别山区和皖南山区。

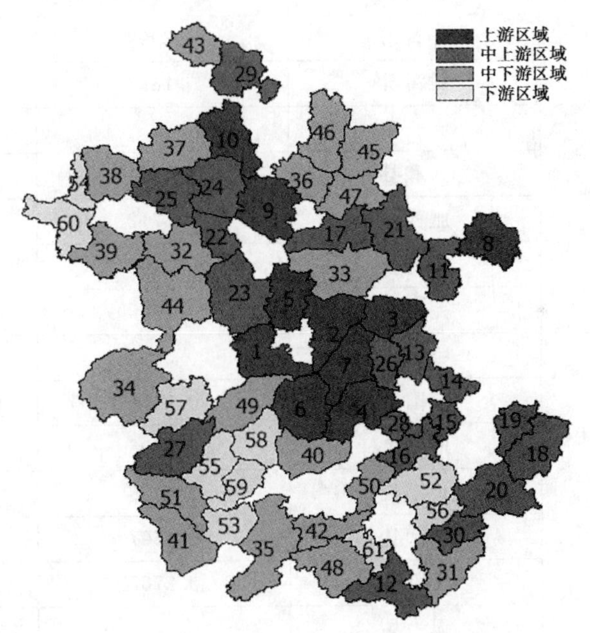

图 2-12　安徽县域投资环境优势竞争力排名空间分布

第十三节　特色经济竞争力排名

一、特色经济竞争力评价排名

县域特色经济竞争力主要考查与县域特色经济相关的关键指标，

如规模以上企业产值、规模以上企业产值占有GDP的比值、规模以上企业产值增速、固定资产投资、万元GDP能耗等方面情况，评价指标共包括6个三级指标。安徽县域特色经济竞争力排名（2018届）见表2－13所列。

表2－13 安徽县域特色经济竞争力排名（2018届）

类型	县（市）	综合得分	排名
上游区域	当涂县	1.5758	1
	和　县	1.3169	2
	含山县	1.1437	3
	界首市	0.8999	4
	濉溪县	0.7683	5
	天长市	0.7250	6
	太和县	0.5771	7
	肥西县	0.5712	8
	繁昌县	0.5496	9
	芜湖县	0.5400	10
中上游区域	肥东县	0.5263	11
	宁国市	0.5176	12
	桐城市	0.4996	13
	长丰县	0.4729	14
	怀远县	0.3507	15
	枞阳县	0.2767	16
	无为县	0.2704	17
	固镇县	0.2549	18
	怀宁县	0.2422	19
	广德县	0.2320	20
	颍上县	0.2265	21
	凤台县	0.1997	22
	寿　县	0.1736	23
	青阳县	0.1289	24

（续表）

类型	县（市）	综合得分	排名
中上游区域	郎溪县	0.0681	25
	萧　县	0.0209	26
	阜南县	0.0182	27
	宿松县	−0.0229	28
	东至县	−0.0246	29
	临泉县	−0.0521	30
中下游区域	南陵县	−0.0679	31
	望江县	−0.07181	32
	霍山县	−0.0728	33
	来安县	−0.1219	34
	岳西县	−0.1483	35
	潜山市	−0.1682	36
	太湖县	−0.1829	37
	砀山县	−0.2035	38
	舒城县	−0.2170	39
	凤阳县	−0.2550	40
	泾　县	−0.2561	41
	涡阳县	−0.2629	42
	巢湖市	−0.2639	43
	五河县	−0.2724	44
	灵璧县	−0.2753	45
	全椒县	−0.3384	46
	定远县	−0.3554	47
	蒙城县	−0.4165	48
	金寨县	−0.4307	49
	泗　县	−0.4419	50
	绩溪县	−0.4896	51

（续表）

类型	县（市）	综合得分	排名
下游区域	霍邱县	－0.5492	52
	利辛县	－0.5622	53
	歙　县	－0.6017	54
	旌德县	－0.6965	55
	石台县	－0.7769	56
	庐江县	－0.7826	57
	休宁县	－0.8337	58
	祁门县	－0.8774	59
	黟　县	－0.9327	60
	明光市	－1.1233	61

安徽县域特色经济竞争力排名（2018届）前十位为：当涂县、和县、含山县、界首市、濉溪县、天长市、太和县、肥西县、繁昌县和芜湖县。2017届的前十位为：和县、含山县、当涂县、界首市、太和县、长丰县、繁昌县、肥西县、天长市和肥东县。新进入前十名的濉溪县、芜湖县代替了长丰县、肥东县。

安徽县域特色经济竞争力排名（2018届）前十位的规模：地区常住人口为638.4万人，占全省县域总常住人口的15.73％；地区生产总值为2613.01亿元，占全省县域总产值的20.07％；人均GDP为53250.78元，比全省县域人均GDP 36520.42元高16730.36元；财政收入为225.07亿元，占全省县域财政收入的23.97％；农村居民人均纯收入为16214.67元，比全省县域农村居民人均纯收入高2793.33元；主导产业产值为1607.15亿元，占全省县域主导产业总产值的31.12％；主导产业增速均值为10.31％，比全省县域相应均值8.94％高1.37个百分点；主导产业占GDP的比重为57.33％，比全省县域相应均值37％高20.33个百分点；重大投资额为3463.38亿元，占全省县域重大投资总额的24.26％；万元GDP能耗均值为

0.67 吨标准煤，比全省县域相应均值 0.53 吨标准煤高 0.14 吨标准煤；特色产业产值均值为 27.20 亿元，比全省特色产业均值 29.29 亿元低 2.09 亿元。由以上分析可知，特色经济对各县的综合经济影响比较显著。

二、特色经济竞争力排名空间分布

从图 2－13 可以看出，安徽县域特色经济竞争力排名空间分布整体呈现出“北强南弱”的特征。皖北地区有界首市、濉溪县、太和县等 3 个县市进入全省县域特色经济竞争力前十强，且皖北地区其余县市特色经济竞争力也大部分位于中上游区域；皖中地区只有天长市和肥西县 2 个县域进入前十强，且皖中大别山区县域特色经济竞争力相对较弱，处于竞争力排名中下游区域；皖南地区虽有当涂县、和县、含山县、繁昌县、芜湖县等 5 个县域位列全省特色经济竞争力前十强，但全省特色经济竞争力排名后十位的县域中有 6 个位于皖南地区。

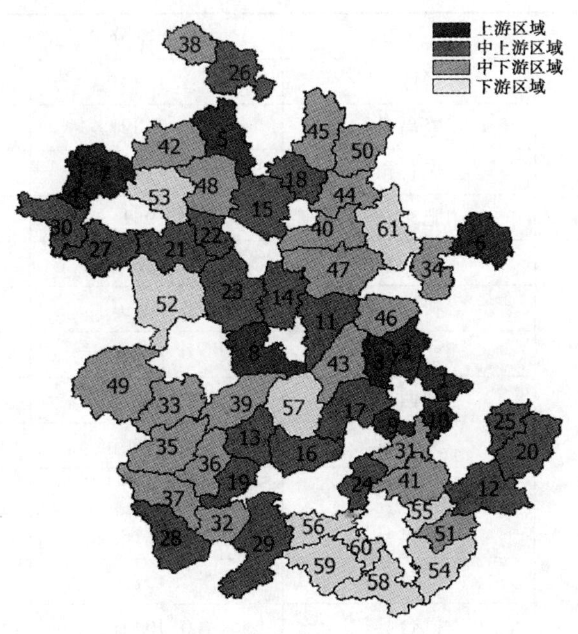

图 2－13　安徽县域特色经济竞争力排名空间分布

第十四节 城乡融合发展竞争力排名

一、城乡融合发展竞争力评价排名

县域城乡融合发展竞争力主要考查县域城镇和乡村融合发展的指标，如产业非农化率、就业非农化率、城乡居民收入比值、城镇化率、城乡居民生活性消费比值等评价指标，共包括 7 个三级指标。其中，城乡居民收入比值、城乡居民生活性消费比值是逆指标，因此在数据标准化时，标准化公式为 $X'_{ij}=\frac{\overline{X_i}-X_{ij}}{s}$，其中 X'_{ij} 表示标准化后数值，$\overline{X_i}$ 表示各指标的原始数值的均值，X_{ij} 表示原始指标值，s 表示各指标原始数值的标准差。安徽县域城乡融合发展竞争力排名（2018 届）见表 2－14 所列。

表 2－14 安徽县域城乡融合发展竞争力排名（2018 届）

类型	县（市）	综合得分	排名
上游区域	当涂县	1.4720	1
	繁昌县	0.9462	2
	天长市	0.9140	3
	肥东县	0.8961	4
	歙　县	0.8033	5
	祁门县	0.8019	6
	含山县	0.7764	7
	肥西县	0.7212	8
	无为县	0.6130	9
	芜湖县	0.5542	10
中上游区域	长丰县	0.5216	11
	广德县	0.4978	12
	凤台县	0.4944	13
	郎溪县	0.4655	14

（续表）

类型	县（市）	综合得分	排名
中上游区域	巢湖市	0.4544	15
	休宁县	0.4340	16
	黟　县	0.3712	17
	和　县	0.3699	18
	宁国市	0.3605	19
	南陵县	0.3293	20
	泾　县	0.3228	21
	青阳县	0.3045	22
	东至县	0.3028	23
	枞阳县	0.3009	24
	怀宁县	0.2930	25
	旌德县	0.2806	26
	来安县	0.1690	27
	绩溪县	0.1660	28
	霍邱县	0.1389	29
	寿　县	0.0766	30
中下游区域	凤阳县	0.0735	31
	桐城市	0.0642	32
	五河县	−0.0627	33
	舒城县	−0.0651	34
	全椒县	−0.0775	35
	颍上县	−0.1036	36
	庐江县	−0.1263	37
	霍山县	−0.2169	38
	太和县	−0.2344	39
	明光市	−0.2510	40
	石台县	−0.2965	41
	金寨县	−0.3381	42
	宿松县	−0.4172	43
	潜山市	−0.4345	44

（续表）

类型	县（市）	综合得分	排名
中下游区域	岳西县	−0.4439	45
	怀远县	−0.4531	46
	界首市	−0.4547	47
	定远县	−0.4550	48
	濉溪县	−0.5128	49
	望江县	−0.5848	50
	涡阳县	−0.6649	51
下游区域	固镇县	−0.7216	52
	砀山县	−0.8110	53
	萧　县	−0.8220	54
	蒙城县	−0.8285	55
	泗　县	−0.8423	56
	临泉县	−0.8739	57
	太湖县	−1.0209	58
	灵璧县	−1.0232	59
	阜南县	−1.0529	60
	利辛县	−1.1002	61

安徽县域城乡融合发展竞争力排名（2018届）前十名的县域是：当涂县、繁昌县、天长市、肥东县、歙县、祁门县、含山县、肥西县、无为县和芜湖县。2017届前十位是：肥西县、繁昌县、宁国市、当涂县、巢湖市、和县、含山县、天长市、广德县和芜湖县。相较于上一年，排名有所变化，新进入前十名的肥东县、歙县、祁门县和无为县代替了宁国市、巢湖市、和县和广德县。

安徽县域城乡融合发展竞争力排名（2018届）前十位的规模：总常住人口为533万人，占全省县域总常住人口的13.14%；地区生产总值为3291.62亿元，占全省县域生产总值的25.28%；人均GDP为62517.43元，比全省县域人均GDP 36520.42元高25997.01元；GDP发展速度均值为7.96%，比全省县域GDP发展速度均值8.12%低

0.16个百分点；城镇非私营单位就业人员平均工资为66070元，比全省县域相应均值59699元高6371元；农村居民家庭人均可支配收入约为17807元，比全省县域相应均值高4383元；产业非农化率均值为92.36%，比全省县域产业非农化率均值85.53%高6.83个百分点；城市化率水平为34.62%，比全省县域相应水平高6.32%。

二、城乡融合发展竞争力排名空间分布

从图2-14可以看出，安徽县域城乡融合发展竞争力排名空间分布呈现出"南强北弱"的片状特征。皖南地区的芜湖县、繁昌县、无为县、歙县、祁门县、当涂县、含山县等7个县市进入安徽县域城乡融合发展竞争力排名前十强，皖南地区其余县域大部分位于中上游区域；皖中地区也有肥东县、肥西县、天长市等3个县域城乡融合发展竞争力位列全省前十强；而与此形成鲜明对比的是排名下游区域后十位的县域中，有9个县市位于皖北地区，且皖北地区其余大部分县域的竞争力位于中下游区域。

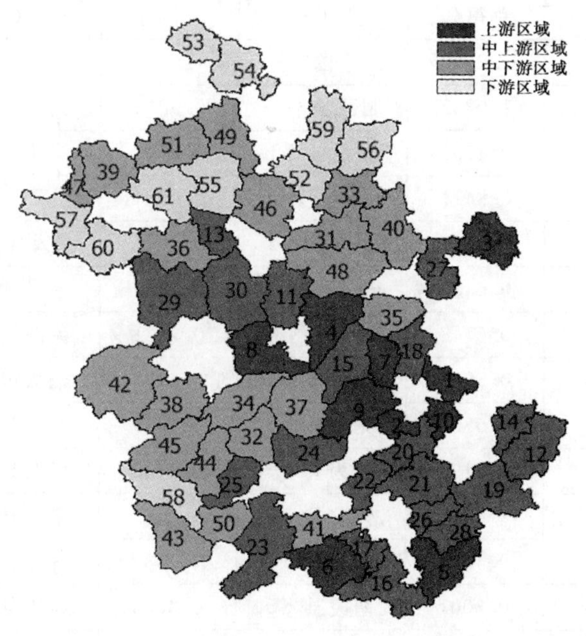

图2-14　安徽县域城乡融合发展竞争力排名空间分布

第三章 安徽省县域经济竞争力动态评价

第一节 综合竞争力排名的动态变化及评价

安徽省县域经济综合竞争力排名自2004届开始，已连续排名十五届。综合竞争力连续十五届排名见表3-1所列（注：↑表示与上一年度比较排名上升，↓表示排名下降，没有箭头表示排名不变）。

表3-1 综合竞争力连续十五届排名

排名	2004届		2005届		2006届	
	县（市）	总得分	县（市）	总得分	县（市）	总得分
1	宁国市	1.8533	宁国市	1.5444	宁国市	1.5275
2	天长市	1.0842	肥西县↑25	0.9263	天长市↑6	1.3799
3	桐城市	0.8750	繁昌县↑1	0.9106	当涂县↑2	0.9352
4	繁昌县	0.8411	凤台县↑1	0.8224	凤台县	0.8776
5	凤台县	0.6441	当涂县↑2	0.7741	绩溪县↑17	0.8545
6	无为县	0.6433	肥东县↑3	0.7359	繁昌县↓3	0.8421
7	当涂县	0.6147	桐城市↓4	0.7131	芜湖县↑2	0.8215
8	广德县	0.5874	天长市↓6	0.6997	桐城市↓1	0.6825
9	肥东县	0.5864	芜湖县↑2	0.5949	南陵县↑4	0.5626
10	怀宁县	0.5193	无为县↓4	0.5035	肥东县↓4	0.3749
11	芜湖县	0.4714	怀宁县↓1	0.429	来安县↑4	0.3712
12	歙　县	0.4202	霍山县↑4	0.33	怀宁县↓1	0.3528
13	来安县	0.3001	南陵县↑5	0.3056	霍山县↓1	0.2961
14	泾　县	0.2924	广德县↓6	0.2833	全椒县↑3	0.2592

（续表）

排名	2004 届		2005 届		2006 届	
	县（市）	总得分	县（市）	总得分	县（市）	总得分
15	全椒县	0.2908	来安县↓2	0.2584	肥西县↓13	0.2469
16	霍山县	0.2562	怀远县↑15	0.2401	旌德县↑32	0.2282
17	绩溪县	0.2519	全椒县↓2	0.2140	广德县↓3	0.2245
18	南陵县	0.2129	霍邱县↑17	0.2000	郎溪县↑21	0.1978
19	祁门县	0.2072	涡阳县↑4	0.1286	歙　县↑15	0.1615
20	太和县	0.1809	凤阳县↑12	0.1021	无为县↓10	0.1589
21	界首市	0.1357	寿　县↑16	0.0874	含山县↑5	0.1460
22	含山县	0.1351	绩溪县↓5	0.0858	铜陵县↑7	0.0841
23	涡阳县	0.1180	和　县↑2	0.0795	凤阳县↓3	0.0832
24	濉溪县	0.1075	长丰县↑24	0.0250	五河县↑8	0.0748
25	和　县	0.0929	明光市↑4	0.0181	和　县↓2	0.0677
26	休宁县	0.0755	含山县↓4	0.0175	黟　县↑25	0.0587
27	肥西县	0.0609	蒙城县↑6	0.0162	青阳县↑3	0.0580
28	铜陵县	0.0338	庐江县↑6	0.0069	休宁县↑16	0.0266
29	明光市	0.0042	铜陵县↓1	−0.0850	固镇县↑4	0.0015
30	青阳县	−0.0080	青阳县	−0.0890	长丰县↓6	−0.0200
31	怀远县	−0.0090	泾　县↓17	−0.1000	祁门县↑16	−0.0510
32	凤阳县	−0.0480	五河县↑18	−0.1070	怀远县↓16	−0.0630
33	蒙城县	−0.0700	固镇县↑12	−0.1120	泾　县↓2	−0.1250
34	庐江县	−0.0720	歙　县↓22	−0.1120	明光市↓9	−0.1340
35	霍邱县	−0.0860	定远县↑4	−0.1290	蒙城县↓8	−0.1390
36	黟　县	−0.0920	萧　县↑10	−0.1420	泗　县↑1	−0.1480
37	寿　县	−0.0930	泗　县↑23	−0.1640	庐江县↓9	−0.1940
38	舒城县	−0.103	舒城县	−0.169	寿　县↓17	−0.200
39	定远县	−0.139	郎溪县↑5	−0.172	潜山县↑14	−0.214
40	东至县	−0.173	太和县↓20	−0.183	定远县↓5	−0.217
41	枞阳县	−0.175	濉溪县↓17	−0.228	涡阳县↓22	−0.222
42	潜山县	−0.229	灵璧县↑16	−0.247	濉溪县↓1	−0.260

（续表）

排名	2004 届		2005 届		2006 届	
	县（市）	总得分	县（市）	总得分	县（市）	总得分
43	旌德县	−0.248	临泉县↑4	−0.263	颍上县↑6	−0.303
44	郎溪县	−0.318	休宁县↓18	−0.277	枞阳县↑1	−0.319
45	固镇县	−0.341	枞阳县↓4	−0.281	东至县↑1	−0.333
46	萧　县	−0.357	东至县↓6	−0.281	霍邱县↓28	−0.352
47	临泉县	−0.399	祁门县↓28	−0.296	岳西县↑11	−0.376
48	长丰县	−0.419	旌德县↓5	−0.370	界首市↑4	−0.412
49	望江县	−0.448	颍上县↑2	−0.386	太和县↓9	−0.421
50	五河县	−0.455	金寨县↑2	−0.398	灵璧县↓8	−0.468
51	颍上县	−0.529	黟　县↓15	−0.398	舒城县↓13	−0.475
52	金寨县	−0.541	界首市↓31	−0.402	石台县↑9	−0.479
53	太湖县	−0.585	潜山县↓11	−0.408	萧　县↓17	−0.480
54	利辛县	−0.595	利辛县	−0.461	宿松县↑5	−0.542
55	宿松县	−0.654	阜南县↑2	−0.575	太湖县↑5	−0.579
56	岳西县	−0.66	砀山县↑3	−0.580	金寨县↓6	−0.585
57	阜南县	−0.662	望江县↓8	−0.601	临泉县↓14	−0.686
58	灵璧县	−0.693	岳西县↓2	−0.618	砀山县↓2	−0.694
59	砀山县	−0.782	宿松县↓4	−0.666	望江县↓2	−0.749
60	泗　县	−0.803	太湖县↓7	−0.666	利辛县↓6	−0.855
61	石台县	−1.108	石台县	−1.087	阜南县↓6	−0.862

排名	2007 届		2008 届		2009 届	
	县（市）	总得分	县（市）	总得分	县（市）	总得分
1	宁国市	2.0189	宁国市	1.2448	肥西县↑6	0.8086
2	天长市	1.4178	繁昌县↑1	1.0884	当涂县↑3	0.7996
3	繁昌县↑3	1.0341	无为县↑4	1.0724	无为县	0.7564
4	当涂县↓1	1.0282	天长市↓2	0.8579	肥东县↑4	0.5772
5	凤台县↓1	0.9567	当涂县↓1	0.8209	凤台县↑14	0.5446
6	桐城市↑2	0.8523	桐城市	0.7761	宁国市↓5	0.3606
7	无为县↑13	0.7147	肥西县↑1	0.7701	濉溪县↑19	0.3472

（续表）

排名	2007届		2008届		2009届	
	县（市）	总得分	县（市）	总得分	县（市）	总得分
8	肥西县↑13	0.7127	肥东县↑4	0.7549	天长市↓4	0.3396
9	芜湖县↓2	0.6439	芜湖县	0.5850	涡阳县↑3	0.3223
10	广德县↑7	0.5344	广德县	0.5224	萧　县↑15	0.3159
11	全椒县↑3	0.5103	怀宁县↑3	0.4219	庐江县↑12	0.3158
12	肥东县↓2	0.4610	涡阳县↑1	0.3093	霍邱县↑2	0.3143
13	涡阳县↑28	0.3250	南陵县↑2	0.3058	颍上县↑9	0.2523
14	怀宁县↓2	0.3143	霍邱县↑21	0.2982	太和县↑1	0.2515
15	南陵县↓6	0.2887	太和县↑30	0.2905	和　县↑6	0.2404
16	来安县↓5	0.2776	铜陵县↑5	0.2829	繁昌县↓14	0.2226
17	凤阳县↑6	0.2540	长丰县↑7	0.2679	怀远县↑15	0.2180
18	怀远县↑14	0.2461	枞阳县↑20	0.2411	长丰县↓1	0.2000
19	定远县↑21	0.2133	凤台县↓14	0.2193	广德县↓9	0.1862
20	濉溪县↑22	0.1356	霍山县↑5	0.1493	桐城市↓14	0.1819
21	铜陵县↑1	0.1155	和　县↑9	0.1055	蒙城县↑6	0.1695
22	五河县↑2	0.0703	颍上县↑30	0.0928	铜陵县↓6	0.1365
23	庐江县↑14	0.0427	庐江县	0.0752	芜湖县↓14	0.1121
24	长丰县↑6	0.0373	舒城县↑25	0.0598	南陵县↓11	0.0593
25	霍山县↓12	0.0042	萧　县↑14	0.0496	临泉县↑17	0.0534
26	蒙城县↑9	−0.029	濉溪县↓6	0.0291	利辛县↑28	0.0382
27	含山县↓6	−0.032	蒙城县↓1	0.0087	舒城县↓3	0.0354
28	固镇县↑1	−0.037	全椒县↓17	−0.010	怀宁县↓17	0.0101
29	青阳县↓2	−0.063	歙　县↑11	−0.029	寿　县↑6	−0.0010
30	和　县↓5	−0.071	界首市↑20	−0.067	歙　县↓1	−0.0316
31	绩溪县↓26	−0.073	来安县↓15	−0.091	阜南县↑24	−0.0569
32	明光市↑2	−0.073	怀远县↓14	−0.093	东至县↑14	−0.0653
33	郎溪县↓15	−0.132	望江县↑21	−0.158	凤阳县↑1	−0.0731
34	黟　县↓8	−0.138	凤阳县↓17	−0.189	含山县↑3	−0.1005
35	霍邱县↑11	−0.141	寿　县↑13	−0.217	定远县↑14	−0.1216

（续表）

排名	2007 届		2008 届		2009 届	
	县（市）	总得分	县（市）	总得分	县（市）	总得分
36	祁门县↓5	−0.159	郎溪县↓3	−0.225	枞阳县↓18	−0.1286
37	休宁县↓9	−0.178	含山县↓10	−0.228	灵璧县↑19	−0.1386
38	枞阳县↑6	−0.180	宿松县↑15	−0.257	固镇县↑5	−0.1585
39	萧　县↑14	−0.190	泾　县↑7	−0.261	霍山县↓19	−0.1610
40	歙　县↓21	−0.206	绩溪县↓9	−0.277	界首市↓10	−0.1689
41	东至县↑4	−0.309	潜山县↑6	−0.282	五河县↑6	−0.1916
42	泗　县↓6	−0.310	临泉县↑16	−0.318	宿松县↓4	−0.1976
43	旌德县↓27	−0.315	固镇县↓15	−0.32	青阳县↑10	−0.1996
44	灵璧县↑6	−0.321	砀山县↑7	−0.323	来安县↓13	−0.2194
45	太和县↑4	−0.344	休宁县↓8	−0.349	泗　县↑7	−0.2224
46	泾　县↓13	−0.352	东至县↓5	−0.359	望江县↓13	−0.2229
47	潜山县↓8	−0.367	五河县↓25	−0.385	全椒县↓19	−0.2249
48	寿　县↓10	−0.371	祁门县↓12	−0.388	郎溪县↓12	−0.2253
49	舒城县↑2	−0.502	定远县↓30	−0.402	潜山县↓8	−0.2565
50	界首市↓2	−0.507	金寨县↑9	−0.412	明光市↑7	−0.2664
51	砀山县↑7	−0.540	岳西县↑10	−0.442	泾　县↓12	−0.2999
52	颍上县↓9	−0.550	泗　县↓10	−0.460	砀山县↓8	−0.3314
53	宿松县↑1	−0.562	青阳县↓24	−0.461	太湖县↑6	−0.3505
54	望江县↑5	−0.621	利辛县↑3	−0.479	金寨县↓4	−0.359
55	阜南县↑6	−0.718	阜南县	−0.488	休宁县↓10	−0.3597
56	太湖县↓1	−0.731	灵璧县↓12	−0.506	绩溪县↓16	−0.3872
57	利辛县↑3	−0.771	明光市↓25	−0.520	祁门县↓9	−0.4449
58	临泉县↓1	−0.787	黟　县↓24	−0.582	旌德县↑2	−0.5184
59	金寨县↓3	−0.809	太湖县↓3	−0.603	岳西县↓8	−0.5368
60	石台县↓8	−0.852	旌德县↓17	−0.673	石台县↑1	−0.5558
61	岳西县↓14	−0.869	石台县↓1	−0.847	黟　县↓4	−0.5937

（续表）

排名	2010届		2011届		2012届	
	县（市）	总得分	县（市）	总得分	县（市）	总得分
1	肥西县	0.7646	肥西县	0.9692	肥西县	0.9065
2	无为县↑1	0.7473	当涂县↑1	0.7900	肥东县↑2	0.7490
3	当涂县	0.6251	无为县↓1	0.7018	长丰县↑4	0.6132
4	凤台县↑1	0.5777	肥东县↑1	0.6951	怀远县↑1	0.5575
5	肥东县	0.5651	怀远县↑6	0.4086	无为县↓2	0.4804
6	宁国市	0.5078	宁国市	0.3921	霍邱县↑9	0.4275
7	霍邱县↑5	0.4921	长丰县↑12	0.3644	当涂县↓5	0.4084
8	颍上县	0.3650	繁昌县↑4	0.3510	萧　县↑27	0.3811
9	天长市	0.3263	濉溪县↑5	0.3308	临泉县↑20	0.3431
10	涡阳县↓1	0.3073	凤台县↓6	0.3302	天长市↑4	0.3355
11	怀远县↑6	0.2706	芜湖县↑2	0.2919	庐江县↑8	0.3161
12	繁昌县↑4	0.2655	广德县↑9	0.2712	太和县↑10	0.3159
13	芜湖县↑10	0.2603	铜陵县↑7	0.2695	濉溪县↓4	0.3027
14	濉溪县↓7	0.2506	天长市↓5	0.2639	五河县↑12	0.2226
15	太和县↓1	0.2472	霍邱县↓8	0.2638	利辛县↑10	0.2008
16	庐江县↓5	0.2276	涡阳县↓6	0.2357	颍上县↑5	0.1608
17	南陵县↑7	0.1889	南陵县	0.1849	巢湖市	0.1367
18	蒙城县↑3	0.1830	桐城市↑7	0.1406	宁国市↓12	0.1129
19	长丰县↓1	0.1671	庐江县↓3	0.1277	蒙城县↑1	0.1105
20	铜陵县↑2	0.1605	蒙城县↓2	0.1271	凤台县↓10	0.0765
21	广德县↓2	0.1593	颍上县↓13	0.0787	芜湖县↓10	0.0708
22	东至县↑10	0.0974	太和县↓7	0.0554	桐城市↓4	0.0627
23	舒城县↑4	0.0646	东至县↓1	0.0505	广德县↓11	0.0478
24	利辛县↑2	0.0585	固镇县↑20	0.0500	定远县↑9	0.0476
25	桐城市↓5	0.0568	利辛县↓1	0.0413	泗　县↑20	0.0450
26	枞阳县↑10	0.0519	五河县↑16	0.0213	固镇县↓2	0.0421
27	临泉县↓2	0.0212	歙　县↑2	0.0186	繁昌县↓19	0.0349
28	凤阳县↓1	−0.003	灵璧县↑25	−0.0119	阜南县↑9	0.0261

（续表）

排名	2010 届		2011 届		2012 届	
	县（市）	总得分	县（市）	总得分	县（市）	总得分
29	歙　县↑1	−0.0127	临泉县↓2	−0.0128	涡阳县↓13	0.0077
30	砀山县↑22	−0.0296	寿　县↑6	−0.0220	灵璧县↓2	−0.0128
31	萧　县↓21	−0.037	舒城县↓8	−0.0506	凤阳县↑5	−0.0281
32	定远县↑3	−0.0462	怀宁县↑3	−0.0545	明光市↑14	−0.0435
33	阜南县↓2	−0.0467	定远县↓1	−0.0661	枞阳县↑6	−0.0554
34	和　县↓19	−0.0479	和　县	−0.0715	怀宁县↓2	−0.0573
35	怀宁县↓7	−0.0724	萧　县↓4	−0.0807	来安县↑15	−0.0657
36	寿　县↓7	−0.0761	凤阳县↓8	−0.0861	全椒县↑2	−0.0704
37	全椒县↑10	−0.0794	阜南县↓4	−0.1148	砀山县↑10	−0.0742
38	明光市↑12	−0.0887	全椒县↓1	−0.1335	舒城县↓7	−0.0771
39	宿松县↑3	−0.1070	枞阳县↓13	−0.1565	和　县↓5	−0.0819
40	金寨县↑14	−0.1614	宿松县↓1	−0.1886	金寨县↑4	−0.0902
41	青阳县↑2	−0.1616	郎溪县↑7	−0.1901	寿　县↓11	−0.0973
42	五河县↓1	−0.1725	休宁县↑10	−0.2099	东至县↓19	−0.1299
43	霍山县↓4	−0.1845	界首市↑4	−0.2192	南陵县↓26	−0.1469
44	固镇县↓6	−0.2086	金寨县↓4	−0.2256	宿松县↓4	−0.1521
45	含山县↓11	−0.2092	泗　县↑11	−0.2337	潜山县↑11	−0.1678
46	来安县↓2	−0.2144	明光市↓8	−0.2423	霍邱县↓31	−0.1720
47	界首市↓7	−0.2240	砀山县↓17	−0.2500	铜陵县↓34	−0.1846
48	郎溪县	−0.2296	泾　县↑1	−0.2523	界首市↓5	−0.1922
49	泾　县↑2	−0.2435	霍山县↓6	−0.2564	歙　县↓22	−0.2364
50	潜山县↓1	−0.2835	来安县↓4	−0.2824	太湖县↑1	−0.2470
51	太湖县↑2	−0.2940	太湖县	−0.2840	含山县↑1	−0.2487
52	休宁县↑3	−0.3219	含山县↓7	−0.2871	泾　县↓4	−0.2843
53	灵璧县↓16	−0.3291	青阳县↓11	−0.2876	望江县↑1	−0.2897
54	绩溪县↑2	−0.3452	望江县↑1	−0.3234	休宁县↓12	−0.3213
55	望江县↓9	−0.3696	祁门县↑2	−0.3498	岳西县↑4	−0.3279
56	泗　县↓11	−0.3740	潜山县↓6	−0.3619	郎溪县↓15	−0.3768

（续表）

排名	2010届		2011届		2012届	
	县（市）	总得分	县（市）	总得分	县（市）	总得分
57	祁门县	−0.5049	绩溪县↓3	−0.3783	青阳县↓4	−0.4205
58	岳西县↑1	−0.5566	旌德县↑1	−0.4151	旌德县	−0.5113
59	旌德县↓1	−0.5792	岳西县↓1	−0.5137	绩溪县↓2	−0.5611
60	石台县	−0.6818	黟　县↑1	−0.5273	石台县↑1	−0.5727
61	黟　县	−0.7135	石台县↓1	−0.6860	祁门县↓6	−0.5794
62					黟　县↓2	−0.666

排名	2013届		2014届		2015届	
	县（市）	总得分	县（市）	总得分	县（市）	总得分
1	肥西县	0.6784	肥西县	0.8125	肥西县	1.18
2	肥东县	0.7473	肥东县	0.7214	肥东县	0.62
3	怀远县↑1	0.3588	巢湖市↑3	0.5857	长丰县↑4	0.49
4	濉溪县↑9	0.3511	繁昌县↑14	0.5745	天长市↓2	0.48
5	长丰县↓2	0.3231	当涂县↑10	0.5539	无为县↓3	0.47
6	巢湖市↑11	0.3177	天长市↑2	0.5506	濉溪县↑5	0.46
7	庐江县↓4	0.304	长丰县↓2	0.5477	怀远县↑8	0.44
8	天长市↑2	0.2856	无为县↑3	0.5343	宁国市↑1	0.39
9	芜湖县↑12	0.1964	宁国市↑5	0.531	当涂县↓4	0.34
10	霍邱县↓4	0.196	芜湖县↑1	0.4049	萧　县↑15	0.34
11	无为县↓6	0.193	濉溪县↓7	0.3458	广德县↑5	0.34
12	凤台县↑19	0.1801	庐江县↓5	0.3386	庐江县	0.26
13	郎溪县↑43	0.1652	和　县↑30	0.2853	繁昌县↓9	0.26
14	宁国市↑4	0.1562	郎溪县↓1	0.2537	南陵县↑5	0.25
15	当涂县↓8	0.1503	怀远县↓12	0.2385	太和县↑9	0.25
16	砀山县↑21	0.124	广德县↑1	0.2205	固镇县↑15	0.23
17	广德县↑6	0.1119	铜陵县↑9	0.2058	巢湖市↓14	0.2
18	繁昌县↑9	0.1087	凤台县↓9	0.19	芜湖县↓8	0.19
19	蒙城县	0.1051	南陵县↑33	0.1662	灵璧县↑18	0.19
20	太和县↓8	0.0964	泾　县↑26	0.1329	蒙城县↑7	0.18

（续表）

排名	2013届		2014届		2015届	
	县（市）	总得分	县（市）	总得分	县（市）	总得分
21	涡阳县↑8	0.0964	来安县↑16	0.1314	来安县	0.12
22	舒城县↑16	0.0874	含山县↑19	0.0636	定远县↑8	0.11
23	五河县↓9	0.0817	涡阳县↓2	0.0235	含山县↓1	0.1
24	颍上县↓8	0.0607	太和县↓4	−0.016	枞阳县↑23	0.07
25	歙　县↑24	0.0212	萧　县↑8	−0.0033	和　县↓12	0.06
26	铜陵县↑21	−0.0011	霍山县↑18	−0.0064	利辛县↑30	0.05
27	桐城市↓5	−0.0064	蒙城县↓8	−0.0144	霍邱县↑2	0.02
28	利辛县↓13	−0.0152	桐城市↓1	−0.0177	铜陵县↓11	0.01
29	东至县↑13	−0.0228	霍邱县↓19	−0.02	寿　县↑24	0
30	金寨县↑10	−0.028	定远县↑15	−0.0262	泗　县↑21	0
31	界首市↑17	−0.0337	固镇县↑11	−0.0605	临泉县↑24	−0.01
32	宿松县↑12	−0.0355	怀宁县↑24	−0.0748	桐城市↓4	−0.02
33	萧　县↓25	−0.0358	全椒县↑16	−0.0887	阜南县↑13	−0.07
34	潜山县↑11	−0.0421	凤阳县↑2	−0.0924	怀宁县↓2	−0.08
35	阜南县↓7	−0.0487	明光市↑18	−0.1165	霍山县↓9	−0.1
36	凤阳县↓5	−0.0526	青阳县↑19	−0.1178	岳西县↑7	−0.11
37	来安县↓2	−0.0553	灵璧县↑5	−0.1227	五河县↑8	−0.12
38	临泉县↓29	−0.0579	界首市↓7	−0.1293	歙　县↑1	−0.12
39	休宁县↑15	−0.0686	歙　县↓14	−0.1866	颍上县↑13	−0.12
40	固镇县↓14	−0.0735	宿松县↓8	−0.1876	太湖县↑10	−0.13
41	含山县↑10	−0.0822	东至县↓12	−0.1913	砀山县↑7	−0.13
42	灵璧县↓12	−0.0836	舒城县↓20	−0.1981	东至县↓1	−0.14
43	和　县↓4	−0.1091	岳西县↑7	−0.2036	涡阳县↓20	−0.15
44	霍山县	−0.1179	砀山县↓28	−0.205	舒城县↓2	−0.16
45	定远县↓21	−0.1233	五河县↓22	−0.2236	凤阳县↓11	−0.17
46	泾　县↑6	−0.1284	阜南县↓11	−0.2313	青阳县↓10	−0.21
47	泗　县↓22	−0.1301	枞阳县↑1	−0.2509	郎溪县↓33	−0.21
48	枞阳县↓15	−0.135	休宁县↓9	−0.2521	界首市↓10	−0.21

（续表）

排名	2013 届		2014 届		2015 届	
	县（市）	总得分	县（市）	总得分	县（市）	总得分
49	全椒县↓13	−0.147	潜山县↓15	−0.2575	潜山县	−0.23
50	岳西县↓5	−0.1558	太湖县↑1	−0.2616	全椒县↓17	−0.23
51	太湖县↓1	−0.1695	泗　县↓4	−0.2703	宿松县↓11	−0.24
52	南陵县↓9	−0.1749	颍上县↓28	−0.293	望江县↑6	−0.29
53	明光市↓21	−0.1899	寿　县↑6	−0.299	休宁县↓5	−0.32
54	望江县↓1	−0.1912	旌德县↑8	−0.3033	黟　县↑6	−0.34
55	青阳县↑2	−0.2121	临泉县↓17	−0.3328	金寨县↑6	−0.36
56	怀宁县↓22	−0.2486	利辛县↓28	−0.3335	明光市↓21	−0.37
57	绩溪县↑2	−0.2758	绩溪县	−0.3498	祁门县↑2	−0.39
58	祁门县↑3	−0.2808	望江县↓4	−0.3726	石台县↑4	−0.42
59	寿　县↓18	−0.3021	祁门县↓1	−0.4714	泾　县↓39	−0.49
60	黟　县↑2	−0.4077	黟　县	−0.5091	绩溪县↑3	−0.65
61	石台县↓1	−0.5292	金寨县↓31	−0.6587	凤台县↓43	−0.74
62	旌德县↓4	−0.5592	石台县↓1	−0.6772	旌德县↓8	−0.79

排名	2016 届		2017 届		2018 届	
	县（市）	总得分	县（市）	总得分	县（市）	总得分
1	肥西县	1.110	肥西县	0.9355	肥西县	0.8695
2	肥东县	0.788	肥东县	0.7712	肥东县	0.8648
3	无为县↑2	0.626	长丰县↑6	0.7297	长丰县	0.5626
4	繁昌县↑9	0.600	天长市↑1	0.5151	无为县↑10	0.5284
5	天长市↓1	0.581	太和县↑1	0.4793	怀远县↑4	0.3632
6	太和县↑9	0.539	宁国市↑6	0.4554	天长市↓2	0.3612
7	芜湖县↑11	0.508	和　县↑25	0.4365	巢湖市↑8	0.3606
8	怀远县↓1	0.476	当涂县↑8	0.3430	芜湖县↑11	0.2754
9	长丰县↓6	0.471	怀远县↓1	0.3373	庐江县↑2	0.2599
10	临泉县↑21	0.380	寿　县↑37	0.3115	全椒县↑23	0.2464
11	庐江县↑1	0.332	庐江县	0.2955	濉溪县↑2	0.2026
12	宁国市↓4	0.318	颍上县↑13	0.2183	宁国市↓6	0.1985

（续表）

排名	2016届		2017届		2018届	
	县（市）	总得分	县（市）	总得分	县（市）	总得分
13	广德县↓2	0.318	濉溪县↑1	0.2158	南陵县↑31	0.1936
14	濉溪县↓8	0.273	无为县↓11	0.2075	蒙城县↑7	0.1811
15	南陵县↓1	0.247	巢湖市↑3	0.2058	当涂县↓7	0.1784
16	当涂县↓7	0.232	临泉县↓6	0.2000	太和县↓11	0.1701
17	蒙城县↑3	0.203	萧　县↑3	0.1747	颍上县↓5	0.1632
18	巢湖市↓1	0.199	界首市↑12	0.1487	来安县↑27	0.1619
19	涡阳县↑24	0.185	芜湖县↓12	0.1310	广德县↑7	0.1595
20	萧　县↑10	0.172	涡阳县↓1	0.1224	寿县↓10	0.1573
21	桐城市↑11	0.143	蒙城县↓4	0.1113	利辛县↑13	0.1346
22	固镇县↓6	0.125	枞阳县↑34	0.0837	和县↓15	0.1206
23	铜陵县↑5	0.104	桐城市↓2	0.0781	涡阳县↓3	0.1014
24	五河县↑13	0.092	定远县↑7	0.0745	萧县↓7	0.0582
25	颍上县↑14	0.090	含山县↑16	0.0596	繁昌县↑13	0.0519
26	阜南县↑7	0.069	广德县↓13	0.0483	灵璧县↑16	−0.0405
27	砀山县↑14	0.066	砀山县	0.0053	郎溪县↑22	0.0390
28	利辛县↓2	0.054	泗　县↑7	−0.0259	凤阳县↓8	0.0056
29	灵璧县↓10	0.014	舒城县↑4	−0.0304	临泉县↓13	−0.0137
30	界首市↑18	−0.001	阜南县↓4	−0.0393	界首市↓12	−0.0143
31	定远县↓9	−0.001	五河县↓7	−0.0415	固镇县↑4	−0.0354
32	和　县↓7	−0.058	怀宁县↑12	−0.0637	阜南县↓2	−0.0434
33	舒城县↑11	−0.068	全椒县↑13	−0.0638	凤台县↑14	−0.0480
34	凤阳县↑11	−0.077	利辛县↓6	−0.0666	含山县↓9	−0.0667
35	泗　县↓5	−0.081	固镇县↓13	−0.0698	休宁县↑16	−0.0996
36	明光市↑20	−0.084	凤阳县↓2	−0.0741	岳西县↑5	−0.1106
37	宿松县↑14	−0.092	太湖县↑5	−0.0911	定远县↓13	−0.1206
38	来安县↓17	−0.093	繁昌县↓34	−0.1081	砀山县↓11	−0.1338
39	郎溪县↑8	−0.151	东至县↑12	−0.1119	泗县↓11	−0.1407
40	霍邱县↓13	−0.155	明光市↓4	−0.1124	歙县↑10	−0.1435

（续表）

排名	2016 届		2017 届		2018 届	
	县（市）	总得分	县（市）	总得分	县（市）	总得分
41	含山县↓18	－0.158	岳西县↑4	－0.1213	金寨县↑7	－0.1551
42	太湖县↓2	－0.169	灵璧县↓13	－0.1280	五河县↓11	－0.1690
43	歙　县↓5	－0.205	宿松县↓6	－0.1299	舒城县↓14	－0.1735
44	怀宁县↓10	－0.222	南陵县↓29	－0.1380	宿松县↓1	－0.1765
45	岳西县↓9	－0.231	来安县↓7	－0.1424	绩溪县↑13	－0.2007
46	全椒县↑4	－0.232	潜山县↑3	－0.1694	枞阳县↓24	－0.2127
47	寿　县↑18	－0.237	凤台县↑8	－0.1913	泾县↑6	－0.2190
48	金寨县↑7	－0.266	金寨县	－0.2023	桐城市↓25	－0.2284
49	潜山县	－0.271	郎溪县↓10	－0.2398	明光市↓9	－0.2350
50	霍山县↓15	－0.287	歙　县↓7	－0.2456	怀宁县↓18	－0.2549
51	东至县↓9	－0.313	休宁县↑7	－0.2476	霍邱县↑4	－0.2554
52	望江县	－0.371	望江县	－0.2934	望江县	－0.2798
53	泾　县↑6	－0.406	泾　县	－0.3348	东至县↓14	－0.2990
54	旌德县↑8	－0.444	青阳县↑5	－0.3718	潜山市↓8	－0.3017
55	凤台县↑6	－0.459	霍邱县↓15	－0.3903	祁门县↑1	－0.3264
56	枞阳县↓24	－0.476	祁门县↑1	－0.4284	太湖县↓19	－0.3266
57	祁门县	－0.486	霍山县↓7	－0.4407	霍山县	－0.3671
58	休宁县↓5	－0.527	绩溪县↑2	－0.4873	旌德县↑3	－0.3944
59	青阳县↓13	－0.528	黟　县↑2	－0.5416	青阳县↓5	－0.4142
60	绩溪县	－0.583	石台县↑2	－0.6004	黟　县↓1	－0.5171
61	黟　县↑7	－0.719	旌德县↓7	－0.9017	石台县↓1	－0.5258
62	石台县↑4	－0.832				

从表 3－1 可以看出，在连续十五届排名中，位于排名前十的县域总体排名情况变动较小，第一名始终被肥西县或肥东县占据；而在十名之后的位置每届都发生了明显变化，其中有些县域上升速度较快，也有一些县域排名下滑。在 2018 届排名中，南陵县成为综合竞争力排名上升最快的县域，其基本竞争力和人才优势得分分别为 0.2401 和 0.4183，其综合竞争力得分从 2017 届的－0.1380 上升到 2018 届的 0.1936，排名

从第44位上升至第13位；综合竞争力排名下降最快的是桐城市，其产业竞争力和发展速度水平得分分别为0.0495和－0.0383。

累计十五届排名中，十四届位列县域经济综合竞争力前十名的是肥东县与天长市；累计十三届位列县域经济综合竞争力前十名中的是肥西县、当涂县、无为县；累计十二届位列县域经济综合竞争力前十名的是宁国市；累计十届位列县域经济综合竞争力前十位的是芜湖县；累计九届位列县域经济竞争力前十位的是繁昌县；累计八届位列县域经济竞争力前十位的是凤台县；累计七届位列县域经济竞争力前十位的是怀远县、长丰县。累计六届位列县域经济竞争力前十位的是桐城市。

第二节　基本竞争力前十位的动态变化及评价

安徽县域经济基本竞争力排名是从2004届开始进行，通过对比2004—2018届的经济基本竞争力排名，可以发现其动态变化，见表3－2所列。

表3－2　安徽县域经济基本竞争力前十强动态变化

排名	2004届	2005届	2006届	2007届	2008届	2009届	2010届
1	宁国市	宁国市	宁国市	宁国市	宁国市	肥西县	肥西县
2	天长市	繁昌县	繁昌县	繁昌县	无为县	当涂县	宁国市
3	桐城市	凤台县	祁门县	祁门县	肥西县	肥东县	当涂县
4	繁昌县	广德县	凤台县	广德县	当涂县	宁国市	繁昌县
5	凤台县	祁门县	芜湖县	凤台县	繁昌县	天长市	芜湖县
6	无为县	桐城市	广德县	当涂县	肥东县	萧　县	天长市
7	当涂县	天长市	当涂县	歙　县	凤台县	凤台县	肥东县
8	广德县	芜湖县	歙　县	铜陵县	桐城市	繁昌县	无为县
9	肥东县	当涂县	霍山县	芜湖县	芜湖县	芜湖县	铜陵县
10	怀宁县	霍山县	铜陵县	肥西县	天长市	广德县	长丰县

（续表）

排名	2011届	2012届	2013届	2014届	2015届	2016届	2017届	2018届
1	肥西县	肥西县	肥西县	肥西县	肥西县	肥西县	肥西县	肥西县
2	繁昌县	当涂县	凤台县	肥东县	肥东县	肥东县	肥东县	肥东县
3	凤台县	天长市	天长市	宁国市	天长市	天长市	长丰县	长丰县
4	当涂县	肥东县	当涂县	当涂县	怀远县	繁昌县	天长市	天长市
5	芜湖县	宁国市	肥东县	天长市	长丰县	宁国市	当涂县	芜湖县
6	宁国市	长丰县	怀远县	繁昌县	当涂县	无为县	太和县	当涂县
7	肥东县	五河县	巢湖市	长丰县	太和县	芜湖县	怀远县	宁国市
8	铜陵县	桐城市	宁国市	芜湖县	庐江县	长丰县	和　县	太和县
9	长丰县	芜湖县	无为县	巢湖市	巢湖市	当涂县	无为县	无为县
10	天长市	怀远县	繁昌县	凤台县	蒙城县	怀远县	宁国市	繁昌县

累计十五届进入县域经济基本竞争力前十位的是当涂县；累计十四届进入县域经济发展水平竞争力前十位的是宁国市；累计十三届进入县域经济发展水平竞争力前十位的是天长市；累计十二届进入县域经济发展水平竞争力前十位的是繁昌县、肥东县、肥西县；累计十一届进入县域经济竞争力前十位的是芜湖县；累计九届进入县域经济竞争力前十位的是凤台县；累计八届进入县域经济竞争力前十位的是长丰县；累计七届进入县域经济竞争力前十位的是无为县；累计五届进入县域经济竞争力前十位的是广德县、怀远县；累计四届进入县域经济竞争力前十位的是桐城市、铜陵县；累计三届进入县域经济竞争力前十位的是祁门县、巢湖市、太和县；累计两届进入县域经济竞争力前十位的是霍山县、歙县。

从表3-2来看，2004—2008届，宁国市连续五届位居县域经济发展水平竞争力排名第一位，之后排名开始下降；肥西县凭借雄厚的经济基础和较快的发展速度，自2009届开始，连续十届排在第一位，其各种经济指标均名列前茅。2017年，肥西县实现生产总值685.45亿元，按可比价格计算，比上年增长8.2%。其中，第一产业增加值52.96亿元，增长4.2%；第二产业增加值457.97亿元，增长10.2%；第三产业增加值174.52亿元，增长4.0%。三次产业结构调整为7.7：

66.8∶25.5，其中，二、三产业增加值占GDP比重比上年提高0.8个百分点。

第三节　发展速度竞争力前十位的动态变化及评价

安徽县域经济发展速度竞争力排名是从2009届开始进行，通过对比2009—2018届这10年来的经济发展速度竞争力排名，可以发现其动态变化，见表3-3所列。

表3-3　安徽县域经济发展速度竞争力十强县动态变化

排名	2009届	2010届	2011届	2012届	2013届
1	萧　县	肥西县	凤台县	临泉县	巢湖市
2	霍邱县	芜湖县	界首市	太和县	凤台县
3	庐江县	繁昌县	五河县	固镇县	天长市
4	芜湖县	青阳县	灵璧县	泗　县	当涂县
5	绩溪县	砀山县	繁昌县	萧　县	繁昌县
6	蒙城县	长丰县	旌德县	长丰县	含山县
7	望江县	铜陵县	涡阳县	肥东县	界首市
8	和　县	东至县	固镇县	石台县	庐江县
9	铜陵县	郎溪县	阜南县	肥西县	泾　县
10	寿　县	南陵县	郎溪县	灵璧县	全椒县
排名	2014届	2015届	2016届	2017届	2018届
1	和　县	萧　县	太和县	和　县	灵璧县
2	界首市	肥西县	南陵县	长丰县	界首市
3	巢湖市	黟　县	无为县	全椒县	太和县
4	郎溪县	灵璧县	明光市	枞阳县	南陵县
5	庐江县	太和县	芜湖县	界首市	萧　县
6	桐城市	濉溪县	繁昌县	肥东县	临泉县
7	来安县	固镇县	当涂县	寿　县	无为县
8	涡阳县	太湖县	砀山县	定远县	涡阳县
9	定远县	岳西县	太湖县	当涂县	芜湖县
10	含山县	含山县	天长市	天长市	蒙城县

累计五届进入县域经济发展速度竞争力前十位的县域是界首市；累计四届进入县域经济发展速度竞争力前十位的县域是繁昌县、萧县、灵璧县、太和县、芜湖县；累计三届进入县域经济发展速度竞争力前十位的县域是长丰县、郎溪县、固镇县、肥西县、含山县、和县、庐江县、砀山县、天长市、涡阳县；累计两届进入县域经济发展速度竞争力前十位的县域是寿县、凤台县、肥东县、巢湖市、全椒县、定远县、太湖县、当涂县。

从表 3 - 3 来看，九届的前十名各不相同，排名发生明显变化。2018 届排名第一的是灵璧县，该县全年固定资产投资 134.16 亿元，比上年增长 4.9%，其中新增固定资产投资 80.88 亿元，增长 5.6%。其中一、二、三产业投资分别增长 2.6%、9.7%、0.3%。全年工业投资 67.22 亿元，增长 15.7%，其中技术改造投资 14.81 亿元，增长 49.0%。全年房地产开发投资 21.88 亿元，增长 32.7%，其中住宅投资 14.53 亿元，增长 22.3%。年末住宅竣工面积 33.34 万平方米，下降 37.1%，房地产销售面积 64.46 万平方米，增长 30.4%。全县社会消费品零售总额 60.68 亿元，比上年增长 11.9%。其中，城镇消费品零售额 50.60 亿元，增长 11.4%；乡村消费品零售额 10.08 亿元，增长 14.6%。批发业商品销售额 59.00 亿元，增长 11.7%；零售业销售额 85.99 亿元，增长 14.5%。全年完成外贸进出口 3676.26 万美元，增长 1298.9%，其中：出口 3640.64 万美元，进口 35.62 万美元。实际利用外资 10720 万美元，增长 18.4%。

第四节　基础设施竞争力前十位的动态变化及评价

安徽县域基础设施竞争力排名是从 2009 届开始进行，通过对比 2009—2018 届这 10 年来的基础设施竞争力排名，可以发现其动态变化，见表 3 - 4 所列。

表 3-4 安徽县域基础设施竞争力十强县动态变化

排名	2009 届	2010 届	2011 届	2012 届	2013 届
1	肥东县	肥东县	肥东县	长丰县	霍邱县
2	肥西县	肥西县	肥西县	怀远县	肥东县
3	凤阳县	歙　县	长丰县	肥西县	肥西县
4	歙　县	怀宁县	当涂县	肥东县	庐江县
5	萧　县	当涂县	庐江县	庐江县	长丰县
6	怀宁县	舒城县	无为县	霍邱县	东至县
7	长丰县	萧　县	萧　县	萧　县	萧　县
8	舒城县	凤阳县	定远县	岳西县	太和县
9	太和县	潜山县	歙　县	太和县	巢湖市
10	当涂县	太和县	太和县	无为县	颍上县
排名	2014 届	2015 届	2016 届	2017 届	2018 届
1	霍邱县	寿　县	芜湖县	芜湖县	长丰县
2	肥东县	肥东县	肥西县	萧　县	休宁县
3	庐江县	长丰县	肥东县	肥东县	萧　县
4	肥西县	铜陵县	砀山县	肥西县	肥东县
5	长丰县	砀山县	萧　县	长丰县	庐江县
6	东至县	泗　县	长丰县	霍邱县	凤阳县
7	太和县	定远县	铜陵县	颍上县	巢湖市
8	巢湖市	巢湖市	天长市	砀山县	凤台县
9	萧　县	临泉县	岳西县	东至县	濉溪县
10	颍上县	岳西县	南陵县	凤阳县	东至县

累计十届进入县域经济基础设施竞争力前十位的县域是肥东县；累计九届进入县域经济基础设施竞争力前十位的县域是萧县、长丰县；累计八届进入县域经济基础设施竞争力前十位的县域是肥西县；累计六届进入县域经济基础设施竞争力前十位的县域是太和县；累计五届进入县域经济基础设施竞争力前十位的县域是庐江县；累计四届进入县域经济基础设施竞争力前十位的县域是霍邱县、岳西县、凤阳县、东至县、巢湖市；累计三届进入县域经济基础设施竞争力前十位的县域是当涂县、歙县、颍上县、砀山县；累计两届进入县域经济基础设施竞争力前十位的县域是舒城县、怀宁县、无为县、定远县、铜陵县、

芜湖县。

从表 3 - 4 来看，2009—2011 届的前两名一直被肥东县和肥西县占据，之后几名的县域排名顺序也发生了一定的变化；在 2012 届排名中，长丰县排名上升到第一位，其通信和交通设施建设均位居全省各县域前列，该县 2011 年互联网用户数和高速公路里程数分别为 9.58 万户和 38.10 千米；在 2014 届排名中，霍邱县继续保持 2013 届的第一名，该县 2013 年国道里程数为 113.20 千米，居全省第三，优势明显。2016 届、2017 届连续两届芜湖县排名第一，其通信设施建设位全省县域第一；2018 届长丰县排名第一。2017 年，长丰县公路通车里程 3223 千米，其中高速公路通车里程 91 千米。年末民用汽车拥有量 4.8 万辆，比上年增长 9.1%；其中私人汽车 3.25 辆，增长 10.2%。民用轿车拥有量 2.08 万辆，增长 7.8%，其中私人轿车 1.96 万辆，增长 8.3%。

第五节　资源禀赋竞争力前十位的动态变化及评价

安徽县域资源禀赋竞争力排名是从 2009 届开始进行，通过对比 2009—2018 届这 10 年来的县域资源禀赋排名，可以发现其动态变化，见表 3 - 5 所列。

表 3 - 5　安徽县域资源禀赋竞争力十强县动态变化

排名	2009 届	2010 届	2011 届	2012 届	2013 届
1	无为县	霍邱县	无为县	怀远县	祁门县
2	涡阳县	东至县	利辛县	寿　县	东至县
3	利辛县	寿　县	涡阳县	无为县	休宁县
4	蒙城县	定远县	庐江县	利辛县	金寨县
5	濉溪县	金寨县	东至县	定远县	歙　县
6	东至县	舒城县	蒙城县	濉溪县	铜陵县
7	庐江县	庐江县	广德县	涡阳县	岳西县
8	怀远县	颍上县	金寨县	临泉县	宁国市
9	广德县	无为县	寿　县	蒙城县	石台县
10	宁国市	明光市	怀远县	颍上县	广德县

（续表）

排名	2014 届	2015 届	2016 届	2017 届	2018 届
1	霍邱县	霍邱县	霍邱县	祁门县	祁门县
2	定远县	定远县	金寨县	东至县	东至县
3	怀远县	寿　县	寿　县	金寨县	休宁县
4	肥东县	肥东县	肥东县	休宁县	金寨县
5	寿　县	明光市	庐江县	歙　县	歙县
6	金寨县	怀远县	舒城县	石台县	石台县
7	明光市	金寨县	定远县	宁国市	霍邱县
8	颍上县	庐江县	巢湖市	霍邱县	宁国市
9	庐江县	长丰县	东至县	岳西县	岳西县
10	蒙城县	东至县	怀远县	泾　县	定远县

累计八届进入县域资源禀赋竞争力前十位的县域是金寨县、东至县；累计六届进入县域资源禀赋竞争力前十位的县域是庐江县、怀远县、定远县、霍邱县；累计五届进入县域资源禀赋竞争力前十位的县域是寿县；累计四届进入县域资源禀赋竞争力前十位的县域是无为县、蒙城县、宁国市；累计三届进入县域资源禀赋竞争力前十位的县域是颍上县、明光市、肥东县、利辛县、涡阳县、广德县、祁门县、岳西县、休宁县、歙县、石台县；累计两届进入县域资源禀赋竞争力前十位的县域是舒城县。

从表 3-5 来看，由于自然资源的限制性，连续十年资源禀赋竞争力排名前十位的县域总体来看变化比较细微。霍邱县的矿产资源比较丰富，铁矿、石灰石等 20 多个矿种储量巨大，其中铁矿探明储量高达 25 亿吨，远景储总量 35 亿吨，位居全国第五、华东第一，是全国唯一一座刚刚开发的特大型铁矿，从而连续四届排名第一。金寨县、东至县和祁门县 2018 届资源禀赋竞争力有一定的进步，而岳西县和定远县 2018 届资源禀赋竞争力已位于第九位与第十位。

第六节　产业竞争力前十位的动态变化及评价

安徽省县域产业竞争力排名是从2009届开始进行，通过对比2009—2018届这10年来的城乡产业竞争力排名，可以发现其动态变化，见表3-6所列。

表3-6　安徽县域产业竞争力十强县动态变化

排名	2009届	2010届	2011届	2012届	2013届
1	肥西县	肥西县	肥西县	肥西县	肥西县
2	当涂县	当涂县	当涂县	肥东县	肥东县
3	无为县	肥东县	天长市	当涂县	无为县
4	肥东县	无为县	繁昌县	无为县	长丰县
5	繁昌县	芜湖县	芜湖县	长丰县	芜湖县
6	天长市	繁昌县	肥东县	天长市	当涂县
7	凤台县	宁国市	桐城市	繁昌县	濉溪县
8	宁国市	长丰县	长丰县	芜湖县	繁昌县
9	芜湖县	凤台县	无为县	宁国市	怀远县
10	铜陵县	天长市	宁国市	濉溪县	天长市
排名	2014届	2015届	2016届	2017届	2018届
1	肥西县	肥西县	肥西县	肥东县	天长市
2	肥东县	天长市	肥东县	肥西县	肥西县
3	怀远县	肥东县	天长市	长丰县	肥东县
4	无为县	繁昌县	怀远县	怀远县	来安县
5	长丰县	长丰县	长丰县	固镇县	长丰县
6	濉溪县	芜湖县	繁昌县	界首市	凤阳县
7	芜湖县	当涂县	濉溪县	当涂县	无为县
8	繁昌县	宁国市	固镇县	太和县	全椒县
9	来安县	濉溪县	界首市	五河县	当涂县
10	巢湖市	南陵县	太和县	繁昌县	濉溪县

累计十届进入县域产业竞争力前十位的县域是肥西县、肥东县；累计九届进入县域产业竞争力前十位的县域是繁昌县、长丰县；累计八届进入县域产业竞争力前十位的县域是当涂县；累计七届进入县域产业竞争力前十位的县域是芜湖县、无为县、天长市；累计六届进入县域产业竞争力前十位的县域是濉溪县；累计五届进入县域产业竞争力前十位的县域是宁国市；累计四届进入县域产业竞争力前十位的县域是怀远县；累计两届进入县域产业竞争力前十位的县域是固镇县、太和县和来安县。

从表 3－6 来看，连续十届进入产业竞争力排名前十位的县域没有较大的变动，这些县域的经济均具备扎实的增长动力，在综合竞争力排名中也都位于前列。其中，肥西县凭借第二产业和第三产业的优势，连续八年排名第一，其 2015 年的第二产业和第三产业年增加值分别达到 46.48 亿元和 12.49 亿元，规模以上工业企业数为 714 个，都要远远高于安徽省其他县域。天长市二三产业增加值、二三产业占 GDP 比重以及规模以上工业企业个数发展迅速，较好地拉动了产业竞争力的提升，在 2018 届排名中上升到了第一位。

第七节　人才优势竞争力前十位的动态变化及评价

安徽县域人才优势竞争力排名是从 2009 届开始进行，通过对比 2009—2018 届这 10 年来的城乡人才优势竞争力排名，可以发现其动态变化，见表 3－7 所列。

表 3－7　安徽县域人才优势竞争力十强县动态变化

排名	2009 届	2010 届	2011 届	2012 届	2013 届
1	肥西县	肥东县	肥西县	肥西县	肥西县
2	临泉县	肥西县	无为县	临泉县	临泉县
3	涡阳县	无为县	肥东县	颍上县	怀远县
4	无为县	怀远县	怀远县	霍邱县	无为县

（续表）

排名	2009 届	2010 届	2011 届	2012 届	2013 届
5	霍邱县	临泉县	霍邱县	无为县	霍邱县
6	肥东县	繁昌县	临泉县	太和县	肥东县
7	颍上县	霍邱县	天长市	怀远县	颍上县
8	萧　县	芜湖县	萧　县	涡阳县	庐江县
9	太和县	天长市	涡阳县	肥东县	太和县
10	利辛县	涡阳县	长丰县	利辛县	利辛县
排名	2014 届	2015 届	2016 届	2017 届	2018 届
1	无为县	无为县	无为县	庐江县	庐江县
2	怀远县	庐江县	庐江县	无为县	肥东县
3	庐江县	肥西县	肥东县	肥东县	无为县
4	肥西县	肥东县	肥西县	巢湖市	肥西县
5	肥东县	巢湖市	巢湖市	长丰县	巢湖市
6	巢湖市	怀远县	怀远县	肥西县	长丰县
7	临泉县	长丰县	长丰县	怀远县	怀远县
8	长丰县	霍邱县	霍邱县	临泉县	临泉县
9	濉溪县	南陵县	宿松县	太和县	寿县
10	霍邱县	濉溪县	临泉县	霍邱县	南陵县

累计十届进入县域人才优势竞争力前十位的县域是肥西县、肥东县、无为县；累计九届进入县域人才优势竞争力前十位的县域是霍邱县、怀远县、临泉县；累计六届进入县域人才优势竞争力前十位的县域是庐江县、长丰县；累计五届进入县域人才优势竞争力前十位的县域是巢湖市；累计四届进入县域人才优势竞争力前十位的县域是太和县、涡阳县；累计三届进入县域人才优势竞争力前十位的县域是颍上县、利辛县；累计两届进入县域人才优势竞争力前十位的县域是天长市、濉溪县、萧县、南陵县。

综合来看，近十年以来安徽县域人才优势竞争力排名变化不大。其中庐江县自 2013 年开始连续保持排名上升趋势，其优势在于科技创新能力不断增强，该县的专利申请量和授权量在 2017 年分别达到 9958 件和 3485

件，都位居安徽省前列。依靠人才资源方面的优势，近些年庐江县发展速度也有所提升，这也充分显示出人才资源对县域发展的重要性。

第八节 发展活力竞争力前十位的动态变化及评价

安徽县域发展活力竞争力排名是从 2004 届开始进行，通过对比 2004—2018 届的城乡发展活力竞争力排名，可以发现其动态变化，见表 3 - 8 所列。

表 3 - 8 安徽县域发展活力竞争力十强县动态变化

排名	2004 届	2005 届	2006 届	2007 届	2008 届	2009 届	2010 届
1	宁国市	绩溪县	绩溪县	宁国市	繁昌县	天长市	天长市
2	繁昌县	宁国市	宁国市	天长市	肥西县	萧 县	宁国市
3	绩溪县	繁昌县	芜湖县	凤台县	霍山县	和 县	繁昌县
4	天长市	广德县	当涂县	肥西县	当涂县	广德县	当涂县
5	芜湖县	泾 县	天长市	无为县	天长市	寿 县	和 县
6	桐城市	桐城市	繁昌县	广德县	宁国市	当涂县	广德县
7	郎溪县	芜湖县	广德县	繁昌县	无为县	宁国市	肥西县
8	当涂县	当涂县	歙 县	当涂县	桐城市	蒙城县	芜湖县
9	来安县	郎溪县	无为县	芜湖县	芜湖县	太和县	无为县
10	霍山县	霍山县	桐城市	桐城市	南陵县	望江县	凤台县

排名	2011 届	2012 届	2013 届	2014 届	2015 届	2016 届	2017 届	2018 届
1	天长市	天长市	天长市	泾县	肥西县	肥西县	肥西县	肥西县
2	灵璧县	宁国市	宁国市	铜陵县	石台县	繁昌县	天长市	天长市
3	肥西县	肥西县	砀山县	濉溪县	萧 县	宁国市	和 县	广德县
4	宁国市	凤台县	肥西县	灵璧县	无为县	天长市	巢湖市	芜湖县
5	和 县	巢湖市	凤台县	天长市	黟县	无为县	宁国市	宁国市
6	无为县	太和县	芜湖县	宁国市	天长市	当涂县	长丰县	濉溪县
7	广德县	广德县	广德县	肥东县	芜湖县	芜湖县	濉溪县	来安县
8	肥东县	肥东县	肥东县	肥西县	枞阳县	广德县	肥东县	肥东县
9	凤台县	阜南县	怀远县	无为县	岳西县	南陵县	太和县	和 县
10	界首市	当涂县	濉溪县	巢湖市	灵璧县	太和县	广德县	休宁县

累计十四届进入县域经济发展活力前十位的县域是宁国市、天长市；累计十一届进入县域经济发展活力前十位的县域是肥西县、广德县；累计十届进入县域经济发展活力前十位的县域是芜湖县；累计九届进入县域经济发展活力前十位的县域是当涂县；累计八届进入县域经济发展活力前十位的县域是无为县；累计七届进入县域经济发展活力前十位的县域是繁昌县；累计六届进入县域经济发展活力前十位的县域是肥东县；累计五届进入县域经济发展活力竞争力前十位的县域是桐城市、凤台县、和县；累计三届进入县域经济发展活力竞争力前十位的县域是霍山县、太和县、绩溪县、灵璧县、巢湖市、濉溪县；累计两届进入县域经济发展活力竞争力前十位的县域是南陵县、郎溪县、泾县、萧县。2018 届，休宁县首次进入县域经济发展活力竞争力前十。

从表 3 - 8 来看，在 2004—2008 届的五届排名中，宁国市、绩溪县、繁昌县交替排第一位，之后九名的县域也基本固定，只是位置先后有所变动；2009—2013 届，天长市一直排名第一，2014 届泾县位列第一。而 2015—2018 届，肥西县连续四年位列第一，2017 年肥西县全社会固定资产投资达到 669.96 亿元，增长率达到 13.2%；实际利用外资 20024 万美元，比上年增长 5%。来安县继 2004 年后再次进入县域经济发展活力竞争力前十，位居第七。其主要原因是大力支持贸易，全年进出口总额 24805 万美元，增长 63.5%，其中，出口 17460 万美元，增长 56.4%；进口 7345 万美元，增长 83.3%。实际利用外商直接投资 26947 万美元，增长 7.0%。休宁县首次进入县域经济发展活力竞争力前十名。2017 年休宁县大力发展进出口贸易，全年完成进出口总额 14986 万美元，增长 16.2%，其中，出口 10430 万美元，增长 9.2%；进口 4556 万美元，增长 36.2%。2017 年，全县新签内资项目 78 个，其中亿元以上项目 20 个。新签项目到位内资 27.5 亿元，比上年增长 30.9%。全年外商直接投资 864 万美元，比上年增长 13.1%。

第九节　环境保护能力竞争力前十位的动态变化及评价

安徽县域环境保护能力竞争力排名是从2009届开始进行，通过对比2009—2018届这10年来的城乡环境保护能力竞争力排名，可以发现其动态变化，见表3-9所列。

表3-9　安徽县域环境保护能力竞争力十强县动态变化

排名	2009届	2010届	2011届	2012届	2013届
1	当涂县	当涂县	当涂县	全椒县	黟　县
2	铜陵县	铜陵县	凤台县	东至县	祁门县
3	凤台县	凤台县	铜陵县	蒙城县	歙　县
4	东至县	濉溪县	青阳县	无为县	休宁县
5	濉溪县	怀远县	石台县	和　县	灵璧县
6	石台县	五河县	东至县	含山县	萧　县
7	青阳县	无为县	濉溪县	石台县	霍山县
8	祁门县	庐江县	五河县	铜陵县	太湖县
9	休宁县	和　县	固镇县	濉溪县	枞阳县
10	歙　县	含山县	怀远县	肥东县	潜山县
排名	2014届	2015届	2016届	2017届	2018届
1	祁门县	祁门县	铜陵县	和　县	凤台县
2	休宁县	休宁县	祁门县	含山县	寿　县
3	歙　县	歙　县	休宁县	当涂县	和　县
4	黟　县	黟　县	歙　县	寿　县	含山县
5	金寨县	庐江县	黟　县	濉溪县	当涂县
6	霍邱县	肥东县	庐江县	凤台县	枞阳县
7	寿　县	巢湖市	肥东县	枞阳县	涡阳县
8	舒城县	长丰县	巢湖市	怀远县	蒙城县
9	霍山县	肥西县	长丰县	蒙城县	利辛县
10	东至县	无为县	肥西县	涡阳县	濉溪县

累计五届进入县域环境保护能力竞争力前十位的县域是濉溪县；累计四届进入县域环境保护能力竞争力前十位的县域是和县、含山县、当涂县、凤台县、休宁县、濉溪县、肥东县、无为县、黟县、歙县和祁门县；累计三届进入县域环境保护能力竞争力前十位的县域是枞阳县、寿县、肥西县、怀远县、东至县、庐江县、蒙城县；累计两届进入县域环境保护能力竞争力前十位的县域是五河县、石台县、霍山县、巢湖市、长丰县。

从表 3 - 9 来看，2009—2011 届，当涂县连续三届排名第一；祁门县凭借土地绿化方面的优势，于 2014—2015 届连续排名第一名；长丰县 2014 年的绿化面积为 2964 公顷，位于全省前列，但该县废水和固体物排放量还较高，在能耗方面仍需改进。凤台县累计四届进入县域环境保护能力竞争力前十，本届位列第一。2017 年凤台县政府投入资金 6 亿元，全面推进节能、减排、降耗工作，凤台燃煤机组完成超低排放改造，全县加油站基本实施油气回收治理改造。开展大气污染综合治理攻坚行动，推进秸秆全量粉碎还田，实施市场化存储，秸秆综合利用率达 88%以上。全年 PM 2.5 平均浓度 43 微克/立方米，较上年下降 37%；全县空气质量平均优良天数为 178 天，较上年增长 32%；单位 GDP 能耗 0.526 吨标准煤/万元，同比下降 9.4%。

第十节　政府能动性竞争力前十位的动态变化及评价

安徽县域政府能动性竞争力排名是从 2009 届开始进行，通过对比 2009—2018 届这 10 年来的政府能动性竞争力排名，可以发现其动态变化，见表 3 - 10 所列。

表 3 - 10　安徽县域政府能动性竞争力十强县动态变化

排名	2009 届	2010 届	2011 届	2012 届	2013 届
1	铜陵县	黟县	铜陵县	濉溪县	宁国市
2	繁昌县	宁国市	当涂县	临泉县	铜陵县

（续表）

排名	2009 届	2010 届	2011 届	2012 届	2013 届
3	黟　县	祁门县	繁昌县	肥东县	繁昌县
4	石台县	绩溪县	霍山县	颍上县	广德县
5	霍山县	芜湖县	广德县	太和县	芜湖县
6	含山县	铜陵县	肥东县	肥西县	当涂县
7	祁门县	繁昌县	宁国市	无为县	青阳县
8	肥西县	青阳县	芜湖县	庐江县	天长市
9	广德县	霍山县	蒙城县	霍邱县	濉溪县
10	和　县	石台县	濉溪县	宁国市	肥西县
排名	2014 届	2015 届	2016 届	2017 届	2018 届
1	宁国市	宁国市	广德县	天长市	宁国市
2	繁昌县	繁昌县	繁昌县	太和县	肥东县
3	当涂县	广德县	临泉县	怀远县	南陵县
4	广德县	当涂县	肥东县	长丰县	芜湖县
5	天长市	南陵县	怀远县	太湖县	无为县
6	郎溪县	天长市	无为县	无为县	怀远县
7	芜湖县	肥西县	定远县	颍上县	和　县
8	霍山县	芜湖县	太和县	界首市	来安县
9	含山县	霍山县	肥西县	凤台县	广德县
10	无为县	来安县	凤阳县	寿　县	天长市

累计八届进入政府能动性排名十强县的是繁昌县；累计七届进入政府能动性排名十强县的是宁国市、广德县；累计六届进入政府能动性排名十强县的是芜湖县；累计五届进入政府能动性排名十强县的是肥西县、天长市和无为县；累计四届进入政府能动性排名十强县的是肥东县、当涂县和铜陵县。

从表 3 - 10 来看，在芜湖市的四县中，繁昌县累计 8 年进入排名前十，芜湖县累计 6 年进入排名前十，无为县累计 5 年进入排名前十。另外，在 2018 届的政府能动性排名十强县中，南陵县排名第三，芜湖县排名第四，无为县排名第五。2017 年，芜湖市完成财政支出 463.30 亿元，比上年增长 13.2%，其中，教育支出 73.17 亿元，增长 25.0%；社会保障和就业支出 48.15 亿元，增长 12.7%；医疗卫生支出 40.19 亿元，增长 23.8%；城乡社区事务支出 103.57 亿元，增长 38.7%；科学技术支出 57.42 亿元，增长 10.9%。可见，芜湖市各县对财政支出的安排比较合理，充分重视各县域的科教文卫等事业的发展，把民生问题作为地区发展的关键，力求让改革开放的成果惠及各县人民。

第十一节　社会发展水平竞争力前十位的动态变化及评价

安徽县域社会发展水平竞争力排名是从 2009 届开始进行，通过对比 2009—2018 届的社会发展水平竞争力排名，可以发现其动态变化，见表 3 - 11 所列。

表 3 - 11　安徽县域社会发展水平竞争力十强县动态变化

排名	2009 届	2010 届	2011 届	2012 届	2013 届
1	肥西县	肥西县	肥西县	临泉县	舒城县
2	肥东县	铜陵县	怀远县	濉溪县	郎溪县
3	怀远县	肥东县	肥东县	肥东县	庐江县
4	凤台县	凤台县	无为县	颍上县	太和县
5	无为县	繁昌县	铜陵县	太和县	肥东县
6	铜陵县	宁国市	当涂县	巢湖市	五河县
7	濉溪县	长丰县	霍邱县	霍邱县	泗　县
8	繁昌县	当涂县	濉溪县	怀远县	霍邱县
9	长丰县	祁门县	长丰县	无为县	颍上县
10	和　县	桐城市	繁昌县	寿　县	灵璧县

（续表）

排名	2014 届	2015 届	2016 届	2017 届	2018 届
1	繁昌县	临泉县	临泉县	寿　县	肥东县
2	宁国市	太和县	利辛县	太和县	利辛县
3	当涂县	利辛县	霍邱县	怀远县	庐江县
4	郎溪县	涡阳县	太和县	临泉县	临泉县
5	广德县	蒙城县	颍上县	颍上县	怀远县
6	天长市	无为县	阜南县	萧　县	肥西县
7	含山县	霍邱县	涡阳县	利辛县	蒙城县
8	霍山县	萧　县	萧　县	涡阳县	涡阳县
9	石台县	濉溪县	灵璧县	阜南县	巢湖市
10	青阳县	颍上县	蒙城县	灵璧县	长丰县

肥东县累计 6 届进入县域社会发展水平竞争力排名前十位；而累计 5 届进入县域社会发展水平竞争力排名前十位的是怀远县、霍邱县、临泉县、颍上县和太和县；累计 4 届进入县域社会发展水平竞争力排名前十位县域是无为县、濉溪县、繁昌县、长丰县、利辛县和涡阳县。

观察 2018 届社会发展水平竞争力排名前十位可以发现，合肥市五县市（肥东县、庐江县、肥西县、巢湖市和长丰县）均在前十名，亳州市三县（利辛县、蒙城县和涡阳县）均在前十名，另外两个进入前十的县域分别是阜阳市的临泉县和蚌埠市的怀远县。与前几年相比，合肥市县域社会发展水平有了明显的提高，其中，科教文卫事业费财政支出达到 110.45 亿元，同比增长 19.67％；人均科教文卫事业费财政支出均值为 2692.7 元；固定资产投资总额 2541.8 亿元；实际利用外资 59824 万美元。

第十二节　投资环境优势竞争力前十位的动态变化及评价

安徽县域投资环境优势竞争力排名是从 2009 届开始进行，通过对比 2009—2018 届这 10 年来的投资环境优势竞争力排名，可以发现其动态变化，见表3-12所列。

表3-12　安徽县域投资环境优势竞争力十强县动态变化

排名	2009届	2010届	2011届	2012届	2013届
1	当涂县	肥西县	肥西县	肥西县	肥西县
2	无为县	无为县	无为县	肥东县	肥东县
3	肥西县	当涂县	肥东县	无为县	无为县
4	肥东县	肥东县	当涂县	怀远县	濉溪县
5	濉溪县	霍邱县	怀远县	长丰县	巢湖市
6	怀远县	怀远县	凤台县	霍邱县	怀远县
7	涡阳县	凤台县	濉溪县	庐江县	长丰县
8	凤台县	天长市	长丰县	濉溪县	庐江县
9	萧　县	萧　县	庐江县	临泉县	宁国市
10	霍邱县	濉溪县	广德县	颍上县	天长市
排名	2014届	2015届	2016届	2017届	2018届
1	肥西县	肥西县	无为县	肥西县	肥西县
2	肥东县	肥东县	肥西县	肥东县	肥东县
3	无为县	无为县	太和县	长丰县	全椒县
4	宁国市	长丰县	临泉县	天长市	无为县
5	怀远县	天长市	涡阳县	太和县	长丰县
6	巢湖市	怀远市	庐江县	庐江县	庐江县
7	濉溪县	濉溪县	颍上县	寿　县	巢湖市
8	当涂县	庐江县	肥东县	濉溪县	天长市
9	繁昌县	萧　县	阜南县	怀远县	怀远县
10	长丰县	南陵县	桐城市	宁国市	濉溪县

累计十届进入县域投资环境优势竞争力前十位的是肥西县、肥东县；累计九届进入县域投资环境优势竞争力前十位的是无为县、濉溪县和怀远县；累计七届进入县域投资环境优势竞争力前十位的是长丰县和庐江县；累计五届进入县域投资环境优势竞争力前十位的是天长市。

从表3-12可以观察到，肥西县和肥东县这几年的排名相对比较稳定，大约有6年在县域投资环境优势竞争力排名中均位列前三。可见，肥西县与肥东县注重本地区投资环境的改善。2017年，肥西县和肥东县实际利用外资分别达到20024万美元、12500万美元，明显高于安徽县域平均水平9977万美元和其他县市水平。

第十三节　特色经济竞争力前十位的动态变化及评价

安徽县域特色经济竞争力排名是从2011届开始进行，通过对比2011—2018届的特色经济竞争力排名，可以发现其动态变化，见表3-13所列。

表3-13　安徽县域特色经济竞争力十强县动态变化

排名	2011届	2012届	2013届	2014届	2015届	2016届	2017届	2018届
1	肥西县	当涂县	当涂县	肥东县	当涂县	桐城市	和　县	当涂县
2	广德县	肥西县	肥东县	长丰县	和　县	肥西县	含山县	和　县
3	肥东县	肥东县	长丰县	肥西县	含山县	当涂县	当涂县	含县
4	歙　县	无为县	濉溪县	无为县	濉溪县	繁昌县	界首市	界首市
5	界首市	繁昌县	五河县	繁昌县	肥东县	肥东县	太和县	濉溪县
6	长丰县	天长市	怀远县	凤台县	铜陵县	天长市	长丰县	天长市
7	宁国市	长丰县	含山县	当涂县	肥西县	长丰县	繁昌县	太和县
8	定远县	芜湖县	和　县	天长市	繁昌县	芜湖县	肥西县	肥西县
9	萧　县	桐城市	肥西县	怀远县	天长市	和　县	天长市	繁昌县
10	太和县	宁国市	固镇县	濉溪县	界首市	宁国市	肥东县	芜湖县

肥西县累计8年进入县域特色经济竞争力排名前十，肥东县累计7届进入排名前十，而2018届在特色经济竞争力方面排名第十一位，没有进入前十。另外，累计7届进入县域特色经济竞争力排名前十的是当涂县，累计6届进入县域特色经济竞争力排名前十的是繁昌县、天长市、长丰县。

观察表 3－13 近年的变化，马鞍山市的三县当涂县、含山县、和县累计三届排名前三，而影响特色经济竞争力的因素主要有规模以上工业、固定资产投资以及主导产业的发展。2017 年，马鞍山市三县的规模以上工业增加值达 340.78 亿元，固定资产投资达 1031.10 亿元，可见马鞍山市高度重视各县域主导产业以及特色产业发展。

第十四节　城乡融合发展竞争力前十位的动态变化及评价

安徽县域城乡融合发展竞争力排名是从 2012 届开始进行，通过对比 2012—2018 届这七年来的城乡融合发展竞争力排名，可以发现其动态变化，见表 3－14 所列。

表 3－14　安徽县域城乡融合发展竞争力十强县动态变化

排名	2012 届	2013 届	2014 届	2015 届	2016 届	2017 届	2018 届
1	濉溪县	繁昌县	旌德县	繁昌县	繁昌县	肥西县	当涂县
2	铜陵县	凤台县	繁昌县	宁国市	南陵县	繁昌县	繁昌县
3	无为县	黟　县	当涂县	肥西县	芜湖县	宁国市	天长市
4	凤台县	巢湖市	凤台县	铜陵县	宁国市	当涂县	肥东县
5	和　县	铜陵县	铜陵县	芜湖县	肥西县	巢湖市	歙　县
6	当涂县	宁国市	肥西县	当涂县	当涂县	和　县	祁门县
7	东至县	肥西县	巢湖市	巢湖市	天长市	含山县	含山县
8	含山县	当涂县	天长市	南陵县	广德县	天长市	肥西县
9	怀远市	芜湖县	芜湖县	青阳县	巢湖市	广德县	无为县
10	歙　县	来安县	宁国市	天长市	黟　县	芜湖县	芜湖县

累计 7 届进入城乡融合发展竞争力十强县的是当涂县，累计 6 届进入城乡融合发展竞争力十强县的是芜湖县、繁昌县和肥西县，累计 5 届进入城乡融合发展竞争力十强县的是天长市、宁国市和巢湖市。

从表 3 - 14 可以看出，当涂县的排名维持在第 5 名左右，2017 年农民人均纯收入达 21873 元，在安徽省所有县域中人均收入值最高，比全省县域均值 13424 元高 8449 元，其新增城镇就业 8236 人、农村劳动力转移就业 6157 人。繁昌县连续 6 年位于排名前三，农民人均纯收入为 20432 元，比上年增长 8.7%，人均增收 1627 元；城镇居民人均可支配收入 32637 元，比上年增长 8.8%，人均增收 2629 元。城乡居民之间的收入差距逐渐缩小，从而使得其在促进城乡融合发展方面相对于其他县域而言表现更为出色。

第四章　安徽省县域经济乡村振兴专题

实施乡村振兴战略，是决胜全面建成小康社会的重大历史任务，是新时代“三农”工作的总抓手。乡村振兴总要求涉及产业发展、生态环境、精神文明、社会治理、农民生活等“三农”问题，体现了经济、政治、文化、社会和生态文明建设全面提升的内在要求，是“五位一体”总布局在县域乡村的具体落实。县域经济是乡村振兴、精准扶贫、全面建成小康社会的主战场。提升县域经济竞争力有利于加快城乡融合发展，缩小城乡差距，乡村振兴战略的实施对县域经济竞争力的提升有着重要的推动作用。

第一节　县域经济乡村振兴的理论阐释

一、县域经济乡村振兴的内涵

乡村振兴，即按照“产业兴旺、生态宜居、乡风文明、治理有效、生活富裕”的总要求，优先发展农业农村，以农业农村现代化为方向，以城乡融合发展为途径，以美丽乡村建设为载体，在兴产业、兴人才、兴文化、兴生态、兴组织上下功夫，实现农村产业的大升级、生态环境的大保护、农耕文明的大发扬、农村社会的大进步，让农业强起来、农村美起来、农民富起来。县域经济作为城市经济与农村经济的结合部，是县域范围内各产业部门的生产、流通、分配、消费等经济活动的总和，是统筹城乡发展的载体和依托，是乡村振兴战略中的基本载体。县域经济乡村振兴是国家乡村振兴战略推进与实施的核心与关键，以国家战略为引导，以市场需求为依托，突破传统村镇结构，坚持农业农村优先发展，坚持农民主体地位，坚持人与自然和谐共生，坚持因地制宜、循序渐进，促进城乡融合发展，实现乡村全面振兴。

实施乡村振兴战略成为提升县域经济实力的强大动力和重要途径，是县域坚持科学合理的经济发展道路的必要选择。实施县域经济乡村振兴，一方面有利于转变经济发展方式，加强经济协同合作，促进产业结构优化升级，发展规模经济与范围经济；另一方面有利于全面深入推进农业供给侧结构性改革，建立现代化的农业产业体系、生产体系、经营体系，提升科技进步、管理创新对农村经济发展的贡献，实现农村一、二、三产业深度融合发展。党的十九大报告强调，把握当前乡村发展大变革、大转型的重大历史机遇，实施乡村振兴战略，推进城乡规划一体化，进一步补齐农业、农村发展短板，为农业发展、农村建设、农民增收注入新的强大动力，推动农业全面升级、农村全面进步、农民全面发展，更好地满足农民对美好生活的需要。

二、县域经济乡村振兴的相关理论

乡村振兴作为县域经济发展的一种规划引领，综合了产业经济学、发展经济学和区域经济学等学科理论，理论来源和依据主要包括以下几个方面：

一是马克思主义城乡关系理论。马克思认为，农业劳动生产率制约着农业和工业之间社会分工的发展程度，决定着农业人口向城市和非农产业转移的速度和规模。城乡分离是生产力发展的必然产物，随着生产力水平的不断提高，社会分工也逐渐深化，商品经济快速发展，由此推动城市与农村的分离。城乡分离是生产力“有所发展但又发展不足”的结果，因此存在着诸多消极影响，特别是对于农村来讲，由于城市及其工商业部门的巨大汲取力，往往从农村中吸走了最强壮、最有知识和能力的农业劳动力。实现城乡融合不仅要推动生产力发展，通过大工业带动城市化和农业现代化，进而促进城乡融合；更需要消灭私有制度，进而把城市与农村、工业与农业、工人与农民结合起来，最大限度地促进生产力发展和城乡融合，促进县域经济的高质量发展。

二是新经济增长理论。相对于外生性发展要素，新经济增长理论更强调以事物的内生性发展要素作为经济增长的动力和资源，增强事物的自我发展能力是维持事物可持续发展的重要保障。通过内部的深入改革，培养并提高自我发展能力，激发经济良性发展，增强经济实力，提高综合竞争力，维持经济可持续发展，实现经济稳步增长。在县域经济发展过程中，乡村振兴战略的实施，不仅源于政府、资金的支持和市场需求，更重要的是源于县域本身的经济活力、能够促进自身发展的自我发展能力，通过发展特色产业、促进成果转化、承接产业转移等创新经济增长方式，不断提升县域自我发展能力，全面实现乡村振兴，促进县域经济的高质量发展。

三是“包容性增长”理论。在经济发展的过程中，既要注重量的增长又要重视质的提高，同时人口、资源、环境的均衡发展和可持续发展也要得到保障，最终实现经济增长的合理分享。“包容性增长”理论强调减少微观事务和具体审批事项，最大限度地减少政府对市场资源的直接配置、对市场活动的直接干预，推进政企分开，在政策举措上促进包容，在体制机制上保障，在发展战略上体现包容。在县域经济发展过程中，不仅要保障人口、资源、环境的均衡发展和可持续发展，政府更要适当简政放权，释放企业的活力、发展的动力和全社会的创造力，尤其是乡村振兴战略实施过程中兴起的新兴产业、特色产业等，简化审批程序、提高审批效率、给予更多支持，包容企业的做法和运行模式，扩大企业的发展空间，走出一条包容性增长之路。

四是均衡发展理论。在经济发展的过程中，既要加大投资力度，为经济增长提供保障；又要注重均衡发展，避免“短板效应”，从而推动整个区域的高速增长和全面发展。通过扩大各产业、各部门的投资规模，加快经济产业、工业园区、基础设施、公共服务设施和文化等各方面建设，在促进区域经济又好又快发展的同时也要重视配套产业的同步发展，实现区域均衡发展，更好地推动经济发展。在县域经济发展的过程中，乡村振兴战略的实施，一方面要振兴产业，注重经济发展的数量与质量的提高；另一方面要振兴人才、振兴生态、振兴文化、振兴组织，在提高农民生活水平的同时，还要注重生态环境的保护与恢复、文明乡风的建设和社会治理的有序进行，实现均衡发展，推动县域经济的发展。

县域经济乡村振兴就是在政府政策的支持与指导下，依托政府的包容性，激发县域自身潜在的动力，充分发挥主观能动性，努力培养并提高自我发展能力，在振兴产业、提高经济发展的速度和质量的同时还要注重人才、生态、文化、组织等各方面的均衡发展，实现多方共赢，推动县域经济的快速、全面发展。

三、县域经济乡村振兴的主要模式

县域经济乡村振兴的模式多种多样，主要有依据特色产业发展的特色小镇发展模式、依据农业规模化发展的家庭农场发展模式、依据农业融合发展的田园综合体发展模式以及依据互联网经济的农村电商发展模式等。

一是特色小镇发展模式。在乡村经济发展的过程中，带有显著的地方色彩或风格与众不同的乡村，通过对自然、人文、人口、技术、历史、资源禀赋、资金和市场等区位因素的分析，定位区位优势、找出地方特色和市场需求的“共振点”，以此实现乡村特色产业，形成核心竞争力，振兴乡村经济。在乡村振兴战略的实施过程中，特色小镇建设特色性主要表现在产业上坚持特色产业、旅游产业两大发展架构；功能上实现生产、生活、生态“三生融合”，形成产城乡一体化功能集聚区；形态上具备独特的风格、风貌、风尚与风情；机制上是以政府为主导、以企业为主体，社会共同参与的乡村创新发展模式。充分挖掘乡村当地传统文化、产业特色并进行创新培养，采取特色小镇孵化器、产业研发设计孵化器、文化旅游孵化器等孵化方式，导入经典乡村特色小镇模式，创新乡村特色开发运营模式，开辟一条依据乡村特色产业发展的特色小镇振兴乡村经济发展之路。

二是家庭农场发展模式。创新农业经营主体，以家庭成员为主要劳动力，以追求效益最大化为目标，从事农业规模化、集约化、商品化生产经营，以农业收入为家庭主要收入来源，使农业由保障功能向盈利功能转变，推动乡村经济增长。土地面积广阔、平整、集中连片，自然环境、交通等生产环境较好的乡村，有利于规模化、机械化地发展，可以种植以粮食、蔬菜、瓜果等为主的家庭农场；土地零散分布、地块面积小，自然环境复杂，交通等生产环境具有一定局限性的乡村，不利于机械化、规模化地发展，就需要因地制宜，发挥比较优势，可以种植果树、林木，兼营观光休闲农业等为主的生态型家庭农场。在进行乡村区域化布局的同时，还要依据乡村自然特点、作物品类、生产条件以及经济发展水平等确定经营规模，力求兼顾效率、发展和稳定；挖掘乡村当地特色资源和本土历史文化，利用自身生态环境和自然禀赋，发展优势主导产业，将特色农产品品牌、家庭农场品牌做大做强，走出一条依据农业规模化发展的家庭农场振兴乡村经济发展之路。

三是田园综合体发展模式。以农民合作社为主要载体，综合化发展产业和跨越化利用农村资产，创新发展集循环农业、创意农业、农事体验于一体的田园综合体模式，让更多的农民参与和收益，振兴乡村经济。集中连片开展高标准农田建设，加强乡村“田园＋农村”基础设施建设，整合资金完善供电、通信、污水垃圾处理、游客集散、公共服务等配套设施条件，夯实田园综合体基础。围绕乡村田园资源和农业特色，做大做强传统特色优势主导产业，稳步发展创意农业，构建支撑田园综合体发展的产业体系。通过土地流转、股份合作、代耕代种、土地托管等方式促进农业适度规模经营，优化农业生产经营体系，培育乡村田园综合体发展新动能。在乡村经济发展过程中，应综合强调乡村主导农业产业发展、生态环境建设、乡村田园社区建设以及农村集体经济、村民的共同参与和就业增收，强调乡村农业产业的业态叠加，农业旅游的持续性生产业集群打造，更加强调乡村多功能农业发展的创新与运营，提升农业产业附加值，增强农业科技引领和持续发展动能，走出一条依据农业融合发展的田园综合体振兴乡村经济发展之路。

四是农村电商发展模式。在乡村互联网基础设施不断完善、农村消费者消费意识与消费方式持续转变的前提下，大力发展农村电子商务，不仅可以打通乡村农产品实现直销的渠道，缩短农产品供给者与消费者之间的距离，还可以促使乡村整个农业结构发生转变，进一步向智能化、集约化、精准化的方向发展，推动农业现代化发展进程，振兴乡村经济。农村电商的发展关键是整合电商交易的线上线下管理平台，在可持续性产品和服务交易中提升质量，形成乡村农业经济电商系统内的多主体参与及跨产业发展的有机体系，并通过开放式的发展策略引导乡村特色农业产品形成线上线下相结合的体验与消费。在乡村经济发展过程中，依托政策引导，加大人才引进与培养力度，着力破解农村电子商务发展的人才门槛；完善乡村基础设施建设，突出成本与运输优势，切实缩短农产品供给者与消费者之间的距离，打通制约农村电子商务健康发展的平台障碍；构建富有特色的支柱产业，打造具有竞争力的主导产品，完善农村电子商务健康发展的产品通道，走出一条依据互联网经济的农村电商振兴乡村经济发展之路。

县域经济乡村振兴的模式多种多样，不仅包括上述四种发展模式，还包括县域生态政治建设模式、文化振兴与传承发展模式和新时代农村集体经济发展模式等一系列成功发展模式，加快县域经济高质量发展。

第二节　安徽省县域经济乡村振兴的典型案例

县域经济发展的引擎是新型城镇化，重要途径是城乡融合发展，而核心基础则是乡村振兴，县域经济的发展壮大离不开乡村振兴战略的有效实施。以乡村振兴战略为基础，通过产业的培育与发展，人才的引进与培养，文化的传承与发扬，组织的建设与完善，生态的保护与恢复，使人口、资本、技术等生产要素进一步聚集，推动县域全面振兴，推动县域经济高质量发展。含山县通过建设现代农业示范园区、繁荣乡村文化旅游产业和加强乡村生态文明建设等措施来助力乡村振兴；怀远县利用政府重视、政策引导和资金保障等路径来实现乡村振兴；砀山县通过构建现代农业产业体系、深化农村土地制度改革和大力培育新型职业农民等举措来促进乡村振兴。

一、怀远县乡村振兴之路

（一）基本情况

怀远县，隶属于安徽省蚌埠市，地处淮河中游，淮北平原的南端，淮河流经怀远县 39.5 千米，县内流域面积 289 平方千米，素有“淮上明珠”的美誉。截至 2017 年底，县域总面积 2212 平方千米，下辖 18 个乡镇、333 个村民委员会，年末户籍人口 132.3 万人，年末常住人口 99.0 万人，乡村人口数 118.2 万人。怀远县自然风景优美，钟灵毓秀，拥有卞和洞、望淮楼、白乳泉等名胜古迹，当地盛行传统舞蹈花鼓灯，这种民间舞蹈形式是国家级非物质文化遗产之一。怀远县是全国粮食生产先进县、全国科技进步先进县、全省科学发展先进县，并于 2018 年 8 月被批准退出贫困县，实现脱贫摘帽。

近年来，怀远县综合实力稳步提升，2017 年地区生产总值为 291.83 亿元，居全省 61 个县第 9 位，较上年增长 8.4%。其中，第一产业增加值 67.85 亿元，增长 4.6%；第二产业增加值 121.35 亿元，增长 11.4%；第三产业增加值 102.64 亿元，增长 7.4%。怀远县居民生活水平也在不断提高，2017 年城镇常住居民人均可支配收入 27372 元，增长 8.5%；农村常住居民人均可支配收入 13949 元，增长 9.6%，城乡发展差距有放缓趋势。

怀远县农业自然资源丰富，四季分明，雨量适中，适合糯稻、小麦、果蔬等经济作物和农产品的生长，也盛产畜禽、水产品等，“怀远石榴”闻名全国，早于 2010 年被列为中国地理标志保护产品。2017 年全县农业机械总动力 2790183 千瓦时，农用化肥施用量 118989 吨，粮食产量 123.6 万吨，油料产量 61633 吨，棉花产量 936 吨，肉类产量 108922 吨。怀远县大力实践农产品产业化，构建现代农业产业体系，目前拥有国家级农业产业化示范基地白莲坡食品科技产业园，省级现代农业示范区龙亢农场和古城镇，龙亢农场也是蚌埠市国家级农业科技园区核心区。

（二）主要做法

1. 发展现代农业，实现产业兴旺

怀远县利用自身资源禀赋，依据乡村各方面发展的实际情况，打造农业空间规划布局，促进一二三产业融合发展，发挥县域内示范园区的引领作用，构建并不断完善现代农业产业体系，推进农村相关制度改革。当地政府相继出台《怀远县促进农业产业化发展奖补办法》《完善农村土地所有权承包权经营权分置办法的实施意见》《淮西现代农业示范区招商引资优惠政策暂行办法》等政策意见。怀远县依托粮食生产功能区和重要农产品生产保护区，合理规划布局农业空间，构建六大农业和涉农产业体系，实行“企业＋基地＋农户”和“企业＋专业合作社＋基地＋农户”的产业化经营模式。并且积极培育农产品品牌，重点发展糯稻、优质果蔬、花卉苗木、休闲观光、特产石榴五大产业，打造乡村振兴战略示范区建设样本。

2. 整治乡村环境，实现生态宜居

怀远县积极开展农村垃圾、污水、厕所环境治理，结合全面整治和分步实施，统筹推进美丽乡村建设。怀远县人民政府通过编制美丽乡村建设“十三五”规划、改善农村人居环境建设规划和农村乡镇政府驻地建成区整治建设规划等，以推动美丽乡村建设。此外各乡镇着力加强突出环境问题整治，针对农村垃圾、厕所、污水、稻米加工、畜禽养殖、黑臭水体、散乱污企业等突出环境问题，深入开展环保大整改、环境大整治、问题大督察等专项行动。对于秸秆焚烧问题，怀远县检查农业生态绿色发展，从政府主导、政策引导、市场驱动、产业带动四大原则出发，出台相关政策法规，2018 年全县范围内建设 30 个秸秆标准化收储中心，秸秆利用达到 500 吨以上的企业 22 家，年利用秸秆能力 70 万吨，在解决秸秆污染问题的同时，又为村民开辟增收道路。

3. 促进文化振兴，实现乡风文明

怀远县加强农村思想道德建设，稳步推进 120 多个新时代传习中心（所）建设。组织开展“我们的节日”系列活动，先后开展“新年音乐会”“清明祭英烈”“学长征精神，做红色传人”等活动，激发群众参与基层社会建设的积极性。怀远县注重弘扬优秀传统乡土文化，积极保护、传承、发展花鼓灯等传统文化，已建立4个花鼓灯培训基地、1个文化馆职工舞蹈队、20个广场舞队伍等专业文体活动队伍，配齐乡镇文化站编制，通过政府购买服务，统一招聘50余名文化协管员，分配到怀远县各个乡镇。每年举办怀远石榴文化节。多年来，怀远县持续推动移风易俗活动，深入开展“四倡四反”，注重制定并完善村规民约，坚决反对铺张浪费，反对婚丧大操大办，抵制封建迷信活动，坚持遏制陈规陋习，切实提高农村文明程度。

4. 夯实基层基础，实现治理有效

怀远县政府不断建设“三农”工作队伍，制定并出台《关于进一步加强村级后备干部队伍建设的实施意见》，加强“三农”工作后备干部的选拔、培养、管理、使用等机制，重点强化政府各级工作人员尤其是基层干部的党性教育、基层党建、乡村振兴业务。继续实施“三支一扶”计划，加大农技服务人员、教育卫生等人才培养力度，提高人才招聘频率，举办开展“孔雀计划”等专场招聘会，提供就业岗位8000余个。精心组织200名农资经营户开展新型职业农民培训，培育新型经营主体134家，开展脱贫技能培训530人。怀远县积极加强村民自治，依托村民（代表）会议、村民议（理）事会等形式，创新村民自治方式，激发村民参与社会治理积极性。在龙亢镇等乡镇，培育打造特色调解组织，提高村民参与社会治理的热情。

5. 推进精准扶贫，实现生活富裕

怀远县坚持以“贫困县摘帽”统领脱贫攻坚工作，全县脱贫攻坚工作取得新成效。2017年，实现51个贫困村出列、4.4万贫困人口脱贫。2018年8月8日，安徽省人民政府正式批准怀远县退出贫困县，怀远县居民的生活水平有了较大程度的提升。怀远县采取多项举措，巩固脱贫攻坚成效，如制定《怀远县2018年建档立卡贫困户特色种养业精准扶贫项目修订方案》《怀远县新型农业经营主体带动贫困户脱贫奖补暂行办法（修订）》等产业发展的政策性文件，发挥产业规模和经济效应，确保贫困户收入持续稳定增长。研究并制定《万人就业助力脱贫攻坚行动方案》，促进贫困人员实现就业和脱贫。出台《林业生产扶贫基地建设实施方案》，打造包括陈集树莓、双桥桃树、万福苗木、魏庄林业花卉、徐圩梨树在内的6个扶贫基地，带动贫困户增收。

（三）经验启示

1. 政府重视，助力乡村振兴

怀远县委县政府多次召开专题会议研究乡村振兴战略，早在2018年4月，分别召开县政府常务会议和县委常委会议，5月召开全县实施乡村振兴战略动员部署会议，9月召开全县实施乡村振兴战略暨打赢脱贫攻坚战三年行动工作会议。积极动员全县，深入推进乡村振兴战略。县委县政府建立合理的机制，明确责任体系，成立怀远县实施乡村振兴战略领导小组，四大班子成员各自领衔，部门各自负责，共同推进乡村全面振兴，确保乡村振兴战略落地生根。

2. 政策引导，推动乡村振兴

怀远县委县政府出台《关于推进乡村振兴战略的实施意见》，确定了6个方面28项重点工作任务，对今后怀远县乡村振兴战略实施工作提出明确指导性意见。出台《关于推进农业供给侧结构性改革加快农业产业化发展的实施意见》《关于加快秸秆收储运体系建设的实施意见》《怀远县人才引进与培育工作实施办法（试行）》《怀远县产业扶持政策（试行）》《关于促进石榴产业发展的意见》等相关配套文件，用于支持县域乡村产业、人才、文化、组织和生态五大振兴。

3. 资金保障，护航乡村振兴

怀远县加大财政投入，优先安排财政预算。设立1000万元农业产业化奖补资金，对品牌创建、产业融合、基础设施建设等11个方面进行奖补，推动产业化发展。加大整合力度，把农业综合开发、农田整治及农田水利建设等涉农资金进行整合，用于投入乡村振兴和脱贫攻坚。推动金融支持，设立1100万元融资风险补偿基金，发挥怀远县融资担保公司和保险机构的作用，用于支持农业示范区和乡村建设。有序开展“劝耕贷”工作，为各类新型农业经营主体累计发放贷款11868余万元。

二、砀山县乡村振兴之路

（一）基本情况

砀山县隶属安徽省宿州市，位于全省最北端，截至2017年底，县域总面积1193平方千米，全县辖13个镇2个园区，村民委员会129个，年末户籍人口99.9万人，年末常住人口84.1万人，乡村人口数80.99万人。砀山是国家级生态示范区、国家级出口果蔬质量安全示范区、全省农业产业化示范县。砀山历史文化悠久，旅游资源丰富，有明代大将薛显墓、黄河故道等，近几年，又在全国掀起“梨都”砀山生态旅游观光的热潮。

砀山县经济稳步增长，2017年地区生产总值为194.17亿元，较2016年增长9.0%，其中第一产业增加值40.09亿元，增长3.8%；第二产业增加值87.94亿元，增长9.6%；第三产业增加值66.14亿元，增长12.2%，增速居全省第二，一、二、三产业的产值比为20.66∶45.29∶34.05。2017年全县农业机械总动力629525千瓦时，农用化肥施用量39516吨，粮食产量28.4万吨，油料产量54714吨，棉花产量5500吨，肉类产量54433吨。砀山县城镇常住居民人均可支配收入29751元，增长8.4%，农村常住居民人均可支配收入11096元，增长9.6%。

砀山县农业资源丰富，气候条件和地理环境适宜多种动植物生长繁衍，利于油菜、棉花等经济作物的生长，得天独厚的自然环境使砀山获得“世界梨都”的美称，被誉为“中国酥梨之乡”，也是世界最优质的黄桃生产基地之一。早在2010年4月，吉尼斯世界纪录认定砀山县为世界最大的连片果园产区，砀山酥梨销往欧美、东南亚及全国各大中型城市，名扬海内外，依据中国质量认证中心公布的2017年度区域品牌价值评价结果，“砀山酥梨”区域品牌价值评估为190.64亿元。2017年，砀山县园林水果生产总量达到1486640吨，居安徽省各县（市）首位，砀山县以酥梨、黄桃、油桃、红提等水果种植加工为支柱产业，带动全县经济发展。

（二）主要做法

1. 聚焦农业发展质量，推进乡村产业兴旺

砀山县始终坚持质量兴农、绿色兴农，不断完善农业基础设施，深入推进小型水利设施建设，推行农田水利“最后一公里”建设。实施农业机械化提升工程，2018年砀山县新增农业产业化联合体4家、省级农民专业合作社3家、省级家庭农场4家。加快龙头企业培育，新增安徽龙润堂生物科技有限公司等6家龙头企业。并且推进现代农业园区建设，打造集循环农业、创意农业、农事体验于一体的田园综合体，持续推动“百千万”产业示范园区建设工程，着力推进园艺场、薛楼板材加工园万亩核心区、镇级千亩示范园、村级百亩示范点、沿路产业示范带的“百千万”产业示范园区建设。2018年末，砀山县耕种收综合机械化水平已达到90%。大力实施数字果园提升工程，建设数字果园示范园，基本实现主要农产品质量安全可追溯。砀山县加快发展农业产业化，奠定联合体发展基础，做优做强农业产业化联合体。

2. 聚焦乡村绿色发展，打造生态宜居乡村

2018年砀山县完成2个省级中心村建设，4个镇政府驻地建成区环境整治。一方面，砀山县大力发展全域旅游，荣获“2018年省级休闲农业和乡村旅游示范县”称号。探索“生态＋运动”经济，延伸并拓展旅游新业态，举办国际马术系列赛事、国际马拉松、骑行等体育赛事，加快建设“梨都马术运动小镇”，依托砀山梨花节、砀山采梨节、酥梨特色资源等逐渐形成“生态旅游＋休闲运动”相结合的发展模式。另一方面，砀山县全县加强农业生态保护和修复，依法划定三条控制线。健全县镇村三级林长制责任体系，加强生态公益林管护，加强现有森林培育经营，稳步推进林业增绿增效行动。健全县镇村三级河长制责任体系，加快实现全县用水总量控制和效率双控目标，水质达标率为70%以上，消除黑臭水体。不断加强治理农村突出环境问题，提高秸秆综合利用率，建设完成秸秆机械化还田示范片1处，标准化收储点3处，临时收储点10处，饲料化利用示范点8处，基料化利用示范点2处，肥料原料化利用示范点试生产2处。

3. 聚焦精神文明建设，打造繁盛乡村文化

砀山县主要从以下几个方面出发，提升乡村居民精神风貌，提高乡村社会文明程度。一是以社会主义核心价值观为引领，深化中国特色社会主义和中国梦宣传教育，弘扬民族精神和时代精神。二是大力建设农村公共文化服务设施，目前已建成12个镇（园区）综合文化服务中心、118个村（社区）文化服务中心。砀山县各乡镇广泛开展文明村镇、文明户创建等活动，发挥红白理事会、村规民约的积极作用，引导群众自主树立文明新风。三是弘扬农村优秀传统文化。实施文化惠民工程，深入挖掘齐白石文化、黄河故道文化、梨文化，建设传统村落保护利用工程，深入挖掘砀山四平调、斗鸡斗羊、唢呐、印染、年画等具有地方特色的民间艺术，赋予乡土文化新时代下的新内涵，增强优秀文化的生命力。

4. 聚焦基层基础工作，构建有效的治理体系

砀山县各级政府强化组织把关，拓展选人视野，严格选人标准，加强村级骨干、后备干部队伍建设。大力推进“党旗领航，电商扶贫”工程项目，实施“农村党员帮带责任制工程”项目，建立“农村党员＋贫困户”包保体系，充分发挥党组织战斗堡垒和党员先锋模范作用。全面落实村级组织运转经费保障政策。此外，砀山县深入推行村级事务阳光工程，加强乡村社区治理创新，扩大社区建设试点，健全村务监督委员会，推进“法律进镇村”，加强农村法制宣传教育，基于乡村传统风俗文化和乡土熟人社会的道德规范，不断创新，提升乡村德治水平。

5. 聚焦推进脱贫攻坚，实现居民生活富裕

砀山县坚持把脱贫攻坚作为全面建成小康社会的核心工作，全力推进安徽省精准扶贫十大工程任务，精准识别贫困人口，完善扶贫工作机制，落实深度贫困地区脱贫政策，加大财政扶贫资金投入的力度。深入推进贫困人口“三保障一兜底一补充”综合医保政策落实、一站式结算、大病慢性病分类救治。集中攻坚行蓄洪区和薄弱村，从资金投入和政策支持方面提供保障，坚持帮扶精准，因村因户因人施策，细化帮扶措施，切实把扶贫项目、资金、保障政策等落实到位。结合

各村资源禀赋，以产业扶贫和就业转移扶贫为重点，扎实推进各项扶贫脱贫任务。注重扶贫同扶志、扶智相结合，保证现行标准下的脱贫质量，切实做到“脱真贫、真脱贫”以及不返贫，提高乡村居民的生活水平，实现全面生活富裕。

（三）经验启示

1. 夯实农业生产能力，构建现代农业产业体系

加快划定和建设粮食生产功能区和重要农产品生产保护区，完善相关支持政策。大力推进高标准农田建设，实施高效节水灌溉项目建设，稳步提升耕地质量。实施信息进村入户工程，推进“互联网＋”在农业领域的广泛应用，广泛建设促进农村电子商务发展的基础设施，培育农村电商经营主体、形成特色品牌。构建并完善现代农业产业体系，需要结合城镇化和新型工业化发展，用工业和服务业理念抓好农业产业化发展。农业经营主体通常在市场资源配置中处于弱势地位，政府必须发挥主导作用，尤其是立法保护对农业经营主体的发展壮大、农业产业体系的构建有巨大的推动作用。同时聚焦农产品精加工、深加工，不断重点引进产业集聚度高、牵引带动能力强的大企业、大项目，健全经营性服务组织和相关支撑行业。

2. 大力推进农村土地整治，深化农村土地制度改革

农村土地制度是乡村各项制度改革的重要一环，需要统筹整合涉农项目资金，稳妥推动农村居民点适当集中，推进“空心村”治理，改善居民生产生活条件。土地使用方面要严守“耕地红线”，全面落实永久基本农田特殊保护制度，优先农民住房、基础设施、公益设施用地等，并考虑到新产业、新业态发展的土地需求。完善农村承包地“三权分置”制度，坚持农村土地集体所有权的根本地位，落实农村土地承包政策，优化土地资源配置，规范使用农村土地资源，保护农民的土地权益，持续完善土地供应系统。

3. 强化乡村振兴人才支撑，大力培育新型职业农民

人力资本和人才支撑是乡村发展的原动力。运用并实践党的创新理论，加强对新型职业农民培养、管理和服务，培植乡村企业家队伍，重点支持新型经营主体、新产业、新业态以及环境友好型企业进行创

新创业。加强农村专业人才队伍建设，建立县域专业人才制度，提高各村镇专业人才服务保障能力；充分利用职业技能培训政策，加大农村新增劳动力职业技能培训的力度，提升其就业能力，促进高质量就业；发挥科技人才的支撑作用，扎实开展以农业科技为主的特派员选派工作，通过有效的激励机制，造就大批符合市场需要的科技人才。鼓励返乡人员创业，积极投身乡村建设，不断提高新型职业农民，尤其是返乡农民工的技能培育效果，应加大培育资金投入的力度，完善相关政策、培育过程管理和评价体系等。同时给返乡创业的企业家提供经营管理、行业涉及的技术、政策法规等方面的培训。

三、含山县乡村振兴之路

（一）基本情况

含山县，隶属安徽省马鞍山市，位于长江中下游北岸、皖中东部、巢湖之滨，素有“鱼米之乡”的美称。截至 2017 年，全县辖 8 个镇，96 个村、21 个社区，总面积 1047 平方公里，全县常住人口达 39.2 万人，户籍人口 44.7 万人，其中城镇户籍人口 13.8 万人，农村户籍人口 30.9 万人。含山县区位优越，距南京、合肥、马鞍山、芜湖等市均在 100 千米之内，拥有“一县望四市”的区位优势，是安徽承接东部产业转移的桥头堡。含山人杰地灵，历史文化悠久，境内的凌家滩古文化遗址，是全国重点文物保护单位，是中华玉文化发祥地。含山物产富饶，自然资源丰富，石膏储量 58 亿吨，是亚洲最大高品质单个矿床；农业资源特色明显，“含山大米”被列为中国地理标志保护产品。含山生态优美，旅游景点众多，主要有国家 AAAA 级风景区褒禅山、国家 AAA 级风景区太湖山。

近年来，含山县将工业发展作为振兴经济的主攻方向，工业生产快速发展，工业化进程明显加快，产业结构已逐步得到优化。经济保持快速健康发展的良好势头，2017 年含山县实现地区生产总值 154.30 亿元，按可比价格计算同比增长 8.4%。其中，第一产业增加值 19.74 亿元，增长 4%；第二产业增加值 80.59 亿元，增长 9%；第三产业增加值 53.97 亿元，增长 10.5%。第一产业增加值占国内生产总值的比重为 12.8%，第二产业增加值占比为 52.2%，第三产业增加值占比为 35%，含山县产业结构逐渐优化升级。按常住人口计算，2017 年含山县人均 GDP 达 39871 元，比上年增加 4582 元，居民生活水平不断提高。

含山县农业资源禀赋优势明显，属于亚热带温润性季风气候，季风明显，四季分明；雨量适中，但夏多冬少，分配不均；日照多，无霜期长，光热水等气候资源颇为丰富，适合种植水稻。“含山大米”闻名全国，于 2017 年被列为中国地理标志保护产品。截至 2017 年底，含山县夏种期间，水稻种植面积约为杂交稻 12.6 万亩、常规稻 6.9 万亩，机插秧面积 5.5 万亩。含山县动植物资源丰富，农作物品种较多，树种 300 多种，鱼 50 多种，药材 518 种，其中经济价值高的品种有含山百日红鸭、太湖山鹿茸、姚庙玫瑰花、三汊河螃蟹、义城圩菱角、都胜圩荸荠等。

（二）主要做法

1. 打造田园综合体，实现产业兴旺

发挥地理区位优势，积极打造田园综合体。含山划定粮食生产功能区、重要农产品生产保护区 46.3 万亩，建设高标准农田 2.9 万亩，新增农业产业化联合体 2 家、市级农业产业化龙头企业 4 家，培育家庭农场、农民合作社等经营主体 85 个，实现规模以上农产品加工业产值 30 亿元，增长 10%。含山县重点规划和建设田园游乐、田园度假、养生养老、乡村文体、水上休闲、古迹文化等新型业态产品。田园游乐植入田野亲子园、生态农场、拓展基地、含山花海、科普基地细分产品。田园度假植入精品客栈、民宿聚落、生态房车营地、小河徽派社区。乡村文创植入田园生活馆和乡村书院，包括讲堂、创意工坊、咖啡课堂、文化展示中心、乡村休闲沙龙等，围绕小龙虾和美国山核桃文化进一步开发品牌。独具特色的小河村田园社区项目，合理整合土地资源，进而使生产、生活、生态在乡村完美融合。

2. 建设美丽乡村，实现生态宜居

在美丽乡村建设中，含山县大力开展乡村旅游工程，以全域景区带动全民增收，建设了一批具有一定特色和规模的休闲观光农业和乡村旅游示范点，不仅让“美丽风景”孕育出越来越多的“美丽经济”，更走出了一条用绿色发展引领“乡村振兴”的新路。深刻践行“绿水青山就是金山银山”的发展理念，完善县领导包保责任制，建立县镇村三级湖长、林长制；强化立行立改，认真整改中央、省环保督察以及“回头看”反馈问题，不断提升生态文明建设水平。含山全力以赴优生态、强建管，城乡面貌加速改善，加快建设美丽乡村，建成仙踪镇等3个美丽集镇、环峰镇黄泥塘村等13个省级中心村、陶厂镇松桃村等11个市级中心村。统筹推进农村垃圾、污水、厕所“三大革命”，投入2600余万元实施全域环境卫生整治，昭关、陶厂等5个镇级污水处理厂建成运行，完成1.3万户改厕、5个试点村污水厕所一体化处理建设任务。

3. 促进文化振兴，实现乡风文明

积极组织群众文化活动，举办了第四届采茶节开幕式文艺表演及“茶乡春色”专场文艺演出、业余戏曲爱好者“送戏剧进敬老院”“到群众中去”送文艺下基层等演出，扩大群众参与度。加大文化传承的力度，继续做好省级非遗含弓戏的创作与演出活动，持续开展“秀美含山行”送文化下基层和“唱响含弓戏、乡音颂含山”含弓戏传承等文化活动，重点培育“广袖长舒”广场舞、“传承民俗 追梦乐园”民俗表演展示等含山特色文化活动品牌。近年来，含山县依托独特的文化旅游资源，通过每年举办采茶节、褒禅山户外旅游节、老鹅汤美食节三大旅游节庆品牌活动，全面推出含山研学考古游、历史文化游，促进文旅融合发展，推进文旅兴县战略实施，振兴乡村经济。

4. 加强组织建设，实现有效治理

近年来，含山县实施“头雁提升工程”和“乡土人才”培养工程，“聚力”队伍培育，提升干部带动群众推动脱贫攻坚、乡村振兴的整体素质，贯彻落实“一抓双促”要求，充分发挥基层党组织战斗堡垒作用。通过开办多领域培训班，培育新型职业农民、农技推广人才、乡村文化旅游人才等520余人，建成懂农业、爱农村、爱农民的“三农”工作者队伍，营造人人能致富、个个能创收的发展环境。同时，含山县实施党建引领扶贫工程，通过鼓励村党组织牵头成立和党员群众自主创办农业发展公司、合作社等，引导农户资金入股、务工就业。目前，含山县已初步形成梅山村“红韵梅山”、青龙村“绿美青龙”、新港村“党建领航，新星扬帆”、五里村“心服务，新五里”、云塘村“云之星”等一批党建品牌，党建引领广大群众齐心合力，正在全面推动乡村振兴经济发展之路。

5. 推进脱贫攻坚，实现生活富裕

含山县组织实施专项行动，全面开展“季度攻势”，被授予“全省健康脱贫工程示范县”。扎实推进“三级书记遍访”、领导干部大调研大走访等一系列活动，积极探索脱贫攻坚的新路径和新举措。大力发展特色种养、农村电商、资产收益等各类扶贫产业，探索扶贫小额贷款“户联互助”农民合作社模式，实施产业扶贫项目 296 个，东山、毛滩等 8 个贫困村实现“一村一品”。组织“百企帮百村”活动，216 家企业帮扶 108 个村（社区），发动 71 个新型农业经营主体参与产业扶贫，积极构建全社会参与的大扶贫格局。

（三）经验启示

1. 建设现代农业示范园区，助力乡村振兴

继续巩固、提高市级大渔滩现代农业示范区的建设成果，按照总体规划的思路，在强化湿地保护的基础上，加快推进高标准农田建设，推广运用农业新技术，建设优质农产品生产基地。推进新一轮省级运漕现代农业园区建设，加强规划引领，通过招商引资和项目整合，建设总面积 10.55 万亩的现代农业综合示范区，以粮油、水产、水生蔬菜三大产业发展为支撑，结合古镇风情、百里画廊、水乡体验等旅游资源，进一步拓展农业功能，全力打造含山县现代农业发展“新引擎”。创建环含城的综合性休闲科技示范园，适时启动园区规划，将具备一定规模的林海九天生态园、联邦农业科技示范园和国华蔬菜标准园，进行连线成片，建成环含城的综合性休闲农业科技示范园区。创建各类农业标准园，粮油产业继续推进粮油标准示范园建设，进一步示范标准化生产技术，改善农业基础设施和农田面貌；畜禽和水产业要加快绿色循环养殖基地建设。

2. 繁荣乡村文化旅游产业，加快乡村振兴

突出传统特点，彰显文化特色，继续实施“文旅兴县”战略，逐步提升凌家滩文化品牌的影响力，建设凌家滩考古研学特色小镇、遗址公园博物馆，积极协作推进文旅融合一体化发展。启动国家全域旅游示范区创建，与安徽广电传媒集团签署战略合作协议，合作开发建设昭关褒禅山旅游片区。强化业态融合发展，立足良好的农业生产基础、体育发展氛围和优秀的红色文化基因，着力丰富“旅游+”内涵，拉伸做长乡村旅游产业链条。强化旅游品牌推介，出台促进文旅产业发展政策，鼓励社会资本参与文旅项目建设。主动融入环巢湖国家旅游休闲区建设，加快开发凌家滩—太湖山、褒禅山—昭关温泉等旅游片区，振兴乡村经济。

3. 加强乡村生态文明建设，促进乡村振兴

围绕“水、土、气”等重点领域，含山县出台《饮用水水源环境保护管理办法》《全面推行河长制工作方案》《非煤矿山综合整治工作方案》等制度，构建村庄环境卫生长效管理机制，提升乡村生态环境。建立县镇村三级河长制，实现镇级污水处理厂建设全覆盖。划定畜禽养殖“可养区、限养区、禁养区”，完成禁养区规模化畜禽养殖场关闭搬迁。结合美好乡村建设，开展“两清两化”乡村环境整治专项行动，推动农村垃圾、污水、厕所专项整治“三大革命”，完善农村环境管理机制，探索市场化保洁机制，全面改善乡村生产和生活条件。

第五章 提升安徽省县域经济竞争力的政策建议

“十三五”期间，县域经济总量已接近安徽省经济总量的半壁江山，在国民经济发展过程中占有举足轻重的地位。大力发展县域经济对我省经济社会平稳有序发展至关重要，是安徽打赢脱贫攻坚战以及在2020年顺利完成全面建成小康社会目标的重要抓手，各级政府部门需给予足够重视。为进一步提升安徽省县域经济的发展水平，现提出以下政策建议。

第一节 大力实施区域协调发展战略

2017年7月，省委全面深化改革领导小组第二十次会议强调，要全面落实新发展理念，深入实施五大发展行动计划，积极创新体制机制，着力推进协调发展战略。要以创新联动发展体制机制为抓手，着力提升区域一体化发展水平。要健全农业转移人口市民化推进机制，统筹推进城乡户籍制度改革和基本公共服务均等化，建立常住人口市民化激励新机制，积极引导农业转移人口落户城镇。推动城乡融合发展体制机制更加完善，城乡基本公共服务均等化基本实现。建立更加完善的乡村治理体系，使农村生态环境得到根本好转，乡风文明达到全新高度，基本实现建成美丽宜居乡村的目标。

第一，加大乡村公共服务供给的力度。满足农村居民获得感和幸福感等现实需求，既需要在现有公共服务的基础上增加供给数量，又需要提高公共服务的质量和结构。不断改善农村公共文体教育、公共卫生、养老幼托和信息服务等方面生产生活条件，促进有限资源向农村倾斜，全方位提升县域乡村公共服务水平，逐步建立健全城乡一体化、均等化的基本公共服务体系。优先发展农村教育事业，建立现代乡村教育体系，从教学设施、师资力量、资源平台等方面深层次提升学前教育、义务教育、高中和职业教育发展水平，重点投资农村初等教育和中等职业教育，缩减城乡教学差距。创新农村公共服务供给机制，发挥公共服务供给内生性作用，以村民需求为导向，村民自主参与为基础，通过建立新型合作社，共同应对外界风险，改变传统小农思想，基于本地乡风民俗和资源导向，在政府、社会等外部力量的引导下，激活内生性供给的动力，优化农村公共服务供给机制。

第二，着力保障和改善民生。坚持民生优先的发展战略，不断提高社会保障水平，建成覆盖城乡、人人享有、更加公平、更可持续的社会保障体系，逐步提高各项社会保障待遇水平，让广大人民群众有更多幸福感与获得感。着力推进全民医保体系建设，完善社会救助体系建设，健全残疾人权益保障制度，大力发展慈善事业和社会福利，不断加大对棚户区的改造力度，让符合标准的老旧房屋尽早实施升级改造工程。坚持民生优先战略，大力发展社会事业。提高“一老一小”方面的服务供给水平，创新体制机制，对接群众需要，发挥社会力量，加大政府扶持力度。推进教育改革发展，促进义务教育优质均衡发展，使教育民生落在实处。要着力深化医药卫生体制改革，解决人民群众反映强烈的看病贵、看病难问题，实现人人看得上病、看得好病、看病更舒心。

第三，加快体制机制改革。一是建立更加完善的区域协调发展新机制。党的十九大报告强调，推进区域协调发展，关键在体制机制创新，要充分发挥市场机制的主体作用，消除各种显性、隐性市场壁垒，提高资源的配置效率，促进生产要素在不同区域间自由有序流动，最终形成统一开放、竞争有序的市场体系。二是着力构建现代化交通网络系统，加快内外通道和区域性枢纽建设。高起点、高标准建设便捷、快速、安全、高效、低成本、大容量的互联互通综合立体交通网络，实现区域间基础设施通达程度相对均衡。三是支持跨区域产业转移和共建产业园区等合作平台，鼓励开展多形式、多领域、多层次的区域合作，形成具有创新氛围的区域合作体制新机制。四是缩小基本公共服务差距，消除城乡区域间硬件软件不协调、资本配置不均衡、服务水平差异较大等短板，提高各地区群众基本公共服务的可及性，实现城乡区域间基本公共服务均等化。

第二节　深入践行县域乡村振兴战略

实施乡村振兴战略成为提升安徽县域经济实力的强大动力和重要途径，是安徽县域坚持科学合理的经济发展道路的必要选择。乡村振兴战略是对乡村发展理论的战略升级，大力实施乡村振兴战略，能够推动安徽县域经济加快发展，为安徽省经济平稳健康发展做出贡献。根据安徽县域乡村发展的差异性，分类指导，精准施策，以县域为单位推进乡村高效、系统、经济地建设，注重发挥乡村的积极主动性，激发乡村经济发展活力，从而确保乡村振兴战略真正落实，安徽县域经济有效提升。

第一，加强乡村人才队伍建设。紧密结合乡村人才队伍建设与乡村振兴总体规划和各项建设，着力破除束缚人才发展的体制机制障碍，打造一支懂农业、爱农村、爱农民的“三农”工作人才队伍，为安徽县域乡村振兴提供坚强的人才支撑和智力保障。完善新型职业农民培育制度，加大对新型职业农民、新型农业经营主体带头人、现代青年农场主、农业职业经理人的培养培育力度，着力培养一批爱农业、懂技术、善经营的新型职业农民。推行乡村教师“县管校聘”，推行中小学教职工编制周转池制度。加强以全科医生为重点的基层医疗卫生队伍建设，探索建立乡村医生“县管乡用”机制。大力培育农业科技人才，深入实施农业科研杰出人才计划和杰出青年农业科学家项目，加强农村实用专业人才队伍建设。支持青年人才返乡创新创业，鼓励社会事业人才服务基层，针对急需人才设立“特岗”，开展百名科技人员下乡活动，引导人才集聚基层，不断充实乡村人才资源。

第二，构建现代农业产业体系。全面深化农业供给侧结构性改革，加快构建现代农业产业体系、生产体系、经营体系，不断增强农业创新力、竞争力和全要素生产率，走出一条产出高效、产品安全、资源节约、环境友好的安徽县域经济现代化发展道路。以粮食生产大县、国家和省扶贫开发重点县、高标准基本农田示范县和现代农业示范区为重点，大力推进旱涝保收、高产稳产、生态友好的高标准农田建设，积极开展生态高标准农田建设试点，加快优化和调整农业结构，推动农业由增产导向转向提质导向。重点围绕特色粮经作物、特色园艺产品、特色畜产品、特色水产品、林特产品等五大类产品，借助安徽名优农业产业化交易会及各类农贸会、展销会等渠道，加强品牌市场营销，加快推进“绿色皖农”品牌培育行动，培育和创建一批在国内外有较大影响力的知名皖字号农业品牌。围绕构建现代农业的产业体系、生产体系、经营体系，提升科技创新、装备水平和现代管理等先进要素对农业发展的贡献，提高农业的集约化、专业化、组织化、社会化水平。

第三，提升乡村就业创业环境。优化乡村就业创业环境，完善覆盖城乡的相关服务体系，为农民提供就业创业机会和增收渠道，着力提升乡村就业创业质量，推动农民收入持续增加，县域经济平稳增长。坚持实施就业优先战略和就业促进计划，重点扶持一批劳动密集型产业或企业，推动乡村特色产业园区、科技园区及示范区建设，形成“基地—大户—农户”的发展模式，拓宽农村劳动力转移就业渠道，吸引农民就地就近就业，培育乡村自己的新产业、新业态和经济实体，促进乡村经济多元化发展。完善公共就业创业服务，组织开展进修学习、交流考察等就业创业服务专项活动，不断提高农民就业创业水平。进一步落实“创业江淮（2018—2020年）”行动计划，重点吸引更多爱家乡、爱农业、懂农业、有技术、有资本的乡村企业家和农民返乡创业，从完善财政创业补贴、税费减免等政策，到开展农民可凭信用贷款的“社保贷”试点，再到完善返乡创新创业培训范围、内容和方式，全面提供政策扶持，提升农民创业能力和收益。

第三节　扎实助推县域经济产业升级

安徽省委省政府着眼于安徽经济发展实际，在 2018 年 6 月印发的《关于坚持创新驱动推动县域经济振兴的若干意见》中指出要深入贯彻新发展理念，坚持以质量和效益为中心，按照高质量发展要求，立足资源禀赋和产业基础，以县（市）为单位，以培育特色产业集群为核心，进一步强化创新驱动，完善上下游产业链条，加强质量品牌建设，优化市场环境，加快形成规模体量大、专业化程度高、延伸配套性好、支撑带动力强的县域特色产业集群（基地），成为县域产业转型升级的主引擎，为推动县域经济高质量发展、建设现代化五大发展美好安徽提供坚实支撑。

第一，大力培育和发展县域特色产业。安徽县域要立足资源禀赋和产业基础，按照五大发展理念要求，坚持以质量和效益为中心，培育具有本县特色的产业经济。通过强化特色经济创新驱动，拓宽上下游产业链，优化市场经营环境，加快形成支撑县域经济发展的特色产业。对于资源开发型县域，要做长、做精资源型产业，同时发展多元化替代产业。对于旅游拉动型县域，要充分发挥旅游资源丰富的优势，实现从单一景点旅游向全域休闲旅游转化、从自我独立开发向借力联合开发转化。对于农业主导型县域，要围绕打造地方特色农产品经济，加快培育和扶持一批农产品深加工龙头企业，同时立足农村一二三产业融合发展目标，形成一条完整的农产品产业链。对于开放引领型县域，要继续加大对外开放水平，深度对接和融入国家“一带一路”发展倡议，提高自身产业竞争力的同时主动参与全球竞争。

第二，建立县域产业集聚区。为充分发挥安徽县域优势产业的经济带动作用，推动政府部门统一领导、科学规划，加快形成具有一定规模、专业化程度高、延伸配套性好、支撑带动力强的县域产业集聚区。同时为实现聚集区内经济高质量发展，各级政府应出台措施鼓励企业自主创新，对具有省级以上产业创新中心、技术创新中心、制造业创新中心的企业可适当放宽审批条件。通过拓宽招商引资平台，改革经济管理体制，扩大县域产业聚集区的发展空间，加快形成对周边区域经济发展的辐射带动作用。充分利用企业自身的资金优势与高校的人才优势，建立完善的校企合作研发机制，最终实现集聚区内产学研相结合。

第三，推动县域经济产业协同发展。构建一个以实体经济、现代金融、科技创新和人力资源产业协同的发展体系。把安徽县域经济增长的着力点放在实体经济，让实体经济在协调各产业关系中处于核心。各县域主体需充分了解实体经济发展所需，积极解决实体经济发展过程中所面临的困难。一是提高防范化解金融领域重大风险的能力，继续深入推进金融体制改革和投融资机制改革。各县域政府应出台相关政策和措施提升经济运行效率，优先为企业解决融资难等问题，充分发挥金融体系服务实体经济发展的能力，最终实现二者的良性循环。二是注重培育与发展高新技术产业，加快传统落后产业转型升级。注重创新型人才的培育和引入，通过技术创新、模式创新和管理创新，促进重大科技创新成果转化，充分发挥科技创新引领经济发展的新动能。三是通过体制机制创新，充分释放生产要素潜力，坚决破除现行人事制度存在的问题，把人才优势从制度的笼子中释放出来。让一切劳动、知识、技术、管理、资本的活力竞相迸发，让一切创造社会财富的源泉充分涌流，促使人力资源成为服务实体经济增长的重要源泉。

第四节　着力加快县域创新驱动发展

2017 年 7 月，安徽省委省政府在全省实施五大发展行动计划会议中指出，要深入实施创新驱动发展战略，加快推进县域经济转型升级步伐，着力推动县域经济创新驱动发展，大力实施五大发展行动计划，为保持全省经济持续健康稳定发展做出更大贡献。推动县域创新驱动发展，必须遵循创新发展规律，立足自身发展实际，始终坚持因地制宜、扬长避短，增强开放导向、产业导向、差异导向，努力找准县域创新发展的目标和路径。

第一，坚持以科技创新为引领，深度融合国家创新平台发展、省域创新网络建设、拓宽城市产业链条，充分发挥企业的创新主体作用，推动产学研合作，创建共性技术平台。务实推进创新实践发展理念，紧紧围绕县域经济特别是特色主导产业发展的需求，努力找准自身创新短板，积极构建平台和企业、金融和资本、技术和产业、制度和政策创新发展支撑体系，促使更多的创新资源向县域汇聚，更多的创新成果在县域转化。坚持营造县域创新创业氛围，狠抓各项创新改革政策措施的落实情况，进一步提升县域创新创业服务水平，努力实现各类创新人才在县域安心创业，形成推动县域创新发展的强大内生动力。

第二，坚持以产业创新为基点，大力推进“新兴产业集聚、传统产业升级、特色产业品牌化”的经济增长“主引擎”。完善县域技术创新体系，努力在产业协同创新上率先实现突破。充分发挥企业的创新主体作用，增强创新需求敏感度，鼓励和支持企业成为创新和研发的主体，驱使更多创新资源向企业汇集。牢牢抓住实体经济这个着力点，推动资本要素向实体经济转移、工作重心向实体经济加强，政策措施向实体经济倾斜，加快传统落后产业优化升级。牢牢抓住战略性新兴产业这个主攻点，大力发展高端制造业，全力打造一批具有行业影响力的产业集群。牢牢抓住数字经济这个增长点，着力打造技术型、资源型、服务型、融合型数字经济，促使产业向中高端迈进。

第三，坚持以体制创新为根本，创新政务服务模式，推进科技与金融结合发展，全面深化人才管理模式体制机制改革，实现制度创新与科技创新协同发展，使创新创业“新活力”得到充分激发。加大创优生态保障力度，着力形成县域创新发展的强大合力。进一步增强创新责任意识，牢固树立创新发展理念，将创新驱动真正贯穿于经济社会发展全过程。进一步推动制定与落实促进创新发展的政策，加大对县域科技创新研发投入的倾斜力度，集中精力切实当好服务创新创业主体发展的“后勤部长”。创新环境得到进一步优化，做好品质城镇和美丽乡村建设新篇章，使县域基础设施和基层基本公共服务功能更加完善，加快县域经济全面振兴步伐，稳步推进五大发展理念，使得美好安徽建设取得新成效。

第五节　全力营造县域优良营商环境

2019年4月，省创优“四最”营商环境工作领导小组会议顺利召开，研究部署开展创优营商环境提升行动等工作。会议强调创优营商环境是增强市场主体满意度、提升区域发展竞争力的必然要求，是坚持以人民为中心的发展思想、不断增强人民群众获得感的重要体现。要营造有利于创新创业创造的良好发展环境，扎实推进创优营商环境提升行动，不断增强市场主体和人民群众的获得感。要坚持问题导向意识，加快补齐营商过程中存在的短板，针对人民群众和企业反映强烈的痛点、堵点，要逐项研究给出解决方案，不断提高政府办事效率，着力为企业减轻负担，为市场主体和人民群众提供全方位的优质服务。

第一，着力完善多元投资保障机制。安徽省县域乡村产业基础和经济基础较薄弱，要发展乡村经济，增强资金投入力度，健全以政府为乡村发展资金优先支持、社会力量积极参与的保障制度，不断创新农村金融体系和服务机制。加强各级政府对“三农”财政投入的责任，明确涉农资金使用权利，保证资金合理分配、落到实处，资金使用公开透明，以更好地发挥财政支出的引导作用。积极推动社会资本对乡村振兴的投入，逐步开放农村基础设施和公用事业领域，规范实施PPP项目，发扬企业社会责任，建全担保机制，建立风险补偿基金，推动社会资本自发参与乡村振兴。在乡村发展的重点领域和薄弱环节，更多地配置金融资源，强化徽商银行等金融机构支持与服务乡村振兴的责任，推进农村信用体系建设，增强农业保险的深度和广度，多方位保障县域乡村经济发展的资金需求。

第二，着力营造公平公正的法治环境。一是大力推进地方立法，优化法治环境。建立健全政府法律顾问制度，优化决策环境，加强行政执法监督，优化制度环境。制定和实施一系列包括评议考核制和行政执法责任制、行政执法自由裁量基准制度、重大行政处罚备案制度，将进一步规范和约束政府行政执法行为，推动行政执法机关实现公平公正文明执法，为地区经济和社会发展营造良好的法治环境。二是提升行政复议办案质量，创新行政复议工作方式，优化行政复议办案环境，建立健全群众听证制、专家咨询论证制、集体讨论制、行政复议案件同比分析制等工作新机制，积极预防行政争端、依法及时化解行政纠纷。有效保护当事人的合法权益，化解矛盾，维护社会稳定。

第三，着力营造廉洁高效的政务环境。安徽县域要进一步加强党风廉政和反腐败教育工作，按照“为民、务实、清廉”的要求，加大反腐倡廉教育力度，有效规范和制约权力，在源头防治腐败上下功夫，不断推进党员干部党风廉政和反腐败教育工作经常化、制度化，确保无重大违纪、违法现象发生。进一步规范政务行为，深化政务公开工作，完善政务公开制度，及时更新维护政务公开目录。提高热线现代化管理和服务水平，落实领导接待日制度，提升政府网站的公共服务功能，实现政府信息资源共享。建立有效的群众来访回复处理机制，全面推行首问责任制、服务承诺制、限时办结制、无偿代办制、失职追究制、否定报备制六项制度，规范行政执法行为，确保严格、公正、文明执法。

参考文献

[1] 林涛，李子彪，胡宝民，等．县域特色产业创新过程特征研究——以国家“科技富民强县专项行动计划”试点县（市）为例［J］．中国软科学，2009（1）：168－174＋181.

[2] 张国平．我国县域科技创新研究［D］．上海：复旦大学，2009.

[3] 毕亮亮．科技进步示范县（市）提升县域创新能力的建设经验与启示［J］．中国科技论坛，2011（10）：131－136.

[4] 毕亮亮，李强．我国县域创新能力提升对策研究［J］．科技进步与对策，2012，29（17）：37－40.

[5] 张来武．创新如何驱动县域经济发展［J］．中国农村科技，2013（7）：18－21.

[6] 王珍珍．“十二五”以来我国省域创新驱动发展战略实施成效分析［J］．经济研究参考，2014（58）：33－39.

[7] 廖昕．创新大数据智慧城市建设　驱动中国县域经济发展［J］．中国科技产业，2016（3）：110－111.

[8] 曾现锋．“新常态”下县域创新驱动发展战略研究——基于浙江省嘉善县的样本分析[J]．中共石家庄市委党校学报，2017（3）：19－24.

[9] 吴卫红，李娜娜，张爱美，等．我国省域创新驱动发展效率评价及提升路径实证研究［J］．科技管理研究，2017（5）：63－69.

[10] 王绍芳，王岚，石学军．创新驱动视角下县域新型城镇化发展对策研究［J］．经济纵横，2017（7）：69－73.

[11] 孙洁．破解发展难题　县域正在成为创新高地［J］．中国农村科技，2017（8）：26－31.

[12] 王强．让创新驱动深入基层［J］．中国农村科技，2017（8）：3.

[13] 王智新，梁翠．县域创新驱动发展效率评价及激励政策研究［J］．科学管理研究，2018（3）：48－51.

[14] 郭爱君，毛锦凰．新时代中国县域经济发展略论［J］．兰州大学学报（社会科学版），2018（4）：82－89.

[15] 陈亭旭，苏维词．川南城市群县域产业结构与竞争力时空演变研究［J］．重庆师范大学学报（自然科学版），2019（2）：136－143＋2＋145.

[16] 王立勇，高玉胭．财政分权与产业结构升级——来自“省直管县”准自然实验的经验证据［J］．财贸经济，2018（11）：145－159.

[17] 李新光，张永起，黄安民．自贸区背景下金融发展与产业结构升级关系的实证［J］．统

计与决策，2018（13）：155－159.

[18] 李国平，席强敏，吴爱芝，等．中国小城镇产业结构特征及影响因素研究［J］．地理科学，2018（11）：1769－1776.

[19] 张林．县域财政金融服务与产业结构升级——基于1772个县域数据的比较研究［J］．中南财经政法大学学报，2018（1）：61－72＋159－160.

[20] 孙学涛，王振华，张广胜．县域全要素生产率提升中存在结构红利吗？——基于中国1869个县域的面板数据分析［J］．中南财经政法大学学报，2017（6）：73－82.

[21] 邹小芳．产业结构升级背景下县域经济增长实证研究——以流通产业为例［J］．商业经济研究，2017（5）：29－31.

[22] 周腰华，王振华，张广胜．中国县域经济增长的影响因素及其空间溢出效应分析［J］．云南财经大学学报，2017（1）：35－47.

[23] 刘国斌，杨富田．"新常态"下东北地区县域产业结构升级研究［J］．税务与经济，2016（2）：61－66.

[24] 任萃颖，金兆怀．生态文明与我国县域产业结构优化研究［J］．经济问题探索，2015（5）：74－79.

[25] 王振华，李旭．技术进步、产业结构升级与县域经济增长——以辽宁省为例［J］．农业技术经济，2015（2）：68－75.

[26] 刘国斌，王卓识．生态文明理念下东北地区县域产业结构优化研究［J］．税务与经济，2014（4）：32－40.

[27] 张广胜，王振华．县域经济增长中结构红利的测度及决定——基于中国1820个县面板数据的实证分析［J］．经济理论与经济管理，2014（6）：102－112.

[28] 秦菲菲，杨山．县域产业结构升级与空间重构——以江苏启东市为例［J］．经济地理，2013（1）：119－125.

[29] 刘静，曾超．基于产业结构优化升级的县域经济发展战略研究［J］．生产力研究，2006（12）：130－131.

[30] 胡海洋，姚晨，胡淑婷．新时代区域协调发展战略的效果评价研究——基于中部崛起战略下的实证研究［J］．工业技术经济，2019（4）：154－160.

[31] 赵越，罗志军，曹丽萍，等．基于空间决策的区域城镇发展与农业生产协调布局优化——以江西省临川区为例［J］．自然资源学报，2019（3）：526－538.

[32] 王曙光，李金耀，章力丹．"以人为本"价值下区域协调发展战略的内涵与维度研究［J］．商业研究，2019（3）：36－43.

[33] 赵翊．宁夏区域经济协调发展实证研究［J］．北方民族大学学报（哲学社会科学版），2019（2）：66－72.

[34] 江孝君，杨青山，耿清格，等．长江经济带生态—经济—社会系统协调发展时空分异及驱动机制［J］．长江流域资源与环境，2019（3）：493－504.

[35] 王继源．我国区域协调发展评价研究［J］．宏观经济管理，2019（3）：41－49.

[36] 郭建斌，陈富良．竞合视角下长江中游城市群次区域绿色协调发展机制研究［J］．生态经济，2019（3）：95－99＋145.

[37] 何春．区域协调发展视角下中部崛起政策有效性测度［J］．统计与决策，2019（4）：56－59.

[38] 刘淑茹，魏晓晓．新时代新型城镇化与产业结构协调发展测度［J］．湖南社会科学，2019（1）：88－94.

[39] 李芸，战炤磊．新时代区域高质量协调发展的新格局与新路径——以江苏为例［J］．南京社会科学，2018（12）：50－57.

[40] 白晔，黄涛，鲜龙．区域协调发展的“合作悖论”与有效性增进路径［J］．经济学家，2018（12）：64－70.

[41] 程必定．“东中一体”协调发展的中部崛起新论［J］．区域经济评论，2018（6）：29－35.

[42] 姚鹏．区域的比较新优势及区域的协调联动路径［J］．区域经济评论，2018（6）：36－43.

[43] 叶万军．中国省域综合协调发展水平时空特征研究［J］．税务与经济，2018（6）：66－71.

[44] 张治栋，吴迪，周姝豆．生产要素流动、区域协调一体化与经济增长［J］．工业技术经济，2018，37（11）：58－66.

[45] 何仁伟．城乡融合与乡村振兴：理论探讨、机理阐释与实现路径［J］．地理研究，2018，37（11）：2127－2140.

[46] 芦千文，姜长云．欧盟农业农村政策的演变及其对中国实施乡村振兴战略的启示［J］．中国农村经济，2018（10）：119－135.

[47] 冯海发．推动乡村振兴应把握好的几个关系［J］．农业经济问题，2018（5）：4－7.

[48] 蓝海涛，涂圣伟，张义博，等．我国实施乡村振兴战略的对策思考［J］．宏观经济管理，2018（4）：60－63.

[49] 金筱萍，陈珉希．乡村振兴视域下乡村文明的价值发现与重构［J］．农村经济，2018（7）：9－15.

[50] 范方志．乡村振兴战略背景下农村金融差异化监管体系构建研究［J］．中央财经大学学报，2018（11）：50－57.

[51] 万忠，方师乐．乡村振兴战略视角下广东省不平衡不充分问题研究［J］．农业经济问题，2019（2）：117－124.

[52] 陈丹，张越．乡村振兴战略下城乡融合的逻辑、关键与路径［J］．宏观经济管理，2019（1）：57－64.

[53] 马历，龙花楼，戈大专，等．中国农区城乡协同发展与乡村振兴途径［J］．经济地理，2018（4）：37－44.

[54] 周晓光．实施乡村振兴战略的人才瓶颈及对策建议［J］．世界农业，2019（4）：32－37.

[55] 杨大蓉. 乡村振兴战略视野下苏州区域公共品牌重构策略研究——以苏州为例 [J]. 中国农业资源与区划, 2019 (3): 198-204.

[56] 张毅. 中国县域经济差异变化分析 [J]. 中国农村经济, 2010 (11): 15-25.

[57] 刘玉, 潘瑜春, 陈秧分. 山东省县域经济发展的时空动态研究 [J]. 经济地理, 2012 (5): 43-48.

[58] 丛新萍. 安徽省县域经济竞争力评价研究 [D]. 蚌埠: 安徽财经大学, 2012.

[59] 方叶林, 黄震方, 陈文娣, 等. 2001—2010年安徽省县域经济空间演化 [J]. 地理科学进展, 2013 (5): 831-839.

[60] 张贤坤. 安徽县域经济发展效率时空分异与影响因素分析 [D]. 蚌埠: 安徽财经大学, 2016.

[61] 王丹丹, 琚惠, 韩玉刚. 基于熵权TOPSIS的安徽省际边缘区县域经济综合评价 [J]. 安庆师范学院学报 (社会科学版), 2016 (4): 112-118.

[62] 郑文升, 姜玉培, 曾菊新, 等. 安徽省县域经济增长的空间相互作用与区域收敛分析 [J]. 经济地理, 2016 (5): 40-45+54.

[63] 黄丽娟, 马晓冬. 江苏省县域经济与乡村转型发展的空间协同性分析 [J]. 经济地理, 2018 (6): 151-159.

[64] 李久林, 储金龙, 陈晓华, 等. 安徽省县际经济联系强度及其效应研究 [J]. 华东经济管理, 2018 (9): 22-28.

[65] 何燕. 城镇化和产业结构对县域经济增长影响的实证分析 [J]. 统计与决策, 2018 (18): 139-142.

[66] 冯智涛, 张瑜, 姚靓, 等. 县域经济评价指标的赋权方法研究——以京津冀城市群为例 [J]. 科技经济市场, 2018 (9): 52-56.

[67] 张亚凡, 刘明. 甘肃省县域经济发展空间溢出效应研究 [J]. 兰州财经大学学报, 2019 (1): 23-32.

[68] 张艳侠, 陈刘尊. 县域经济发展的差异及驱动因子分析——以皖江城市带30个县为例 [J]. 重庆交通大学学报 (社会科学版), 2019 (1): 75-80.

[69] 郭远智, 周扬, 刘彦随. 云南省县域经济发展与农村减贫的空间耦合协调分析 [J]. 经济经纬, 2019 (1): 1-9.